놀이와 학습을 함께해요

윙윙클레이

놀이와 학습을 함께해요

윙윙클레이

2011년 2월 25일 초판 1쇄 인쇄
2011년 3월 7일 초판 1쇄 발행

지은이 | 정영희, 정효숙, 문정숙, 김영덕

펴낸이 | 이종춘
펴낸곳 | BM 성안당
주소 | 경기도 파주시 교하읍 문발리 출판문화정보산업단지 536-3
전화 | (031) 955-0511
팩스 | (031) 955-0510
등록 | 972. 2. 1 제 13-12호
수신자 부담 서비스 | 080-544-0511
출판사 홈페이지 | www.cyber.co.kr
저자 카페 | cafe.daum.net/jung5656
도서 내용 문의 | jung5656@hanmail.net

ISBN | 978-89-315-7507-1(13630)

정가 | 15,000원

이 책을 만든 사람들

기획 · 사진 | 이구
교정 | 안세현
북 디자인 | 오정화
제작 | 구본철

Thankful...
청강아카데미(chungkang.com)_서울.종로구.관철동.44-5.상중하빌딩.4F 02-722-2866
해피스튜디오(happysajin.net)_서울.은평구.응암동.116-21.1F 02-305-9199
파스텔클레이_서울.중구.남대문로4가.남대문지하상가 66호, 78호, 87호 02-773-9887 / pastelclay.com
화인_서울.중구.남대문로4가.남대문지하상가 32호, 33-1호, 37호, 46호 02-778-8846~7 / hwainart.com

Copyright ⓒ 2011 by chungkang All right reserved.
First edition Printed 2011. Printed in Korea.

이 책의 어느 부분도 저작권자나 BM 성안당 발행인의 승인 문서 없이 일부 또는 전부를 사진 복사나 디스크 복사 및 기타 정보
재생 시스템을 비롯하여 현재 알려지거나 향후 발명될 어떤 전기적, 기계적 또는 다른 수단을 통해 복사, 재생하거나 이용할 수 없음.

놀이와 학습을 함께해요
웡웡 클레이
정영희 외3인 지음

BM 성안당

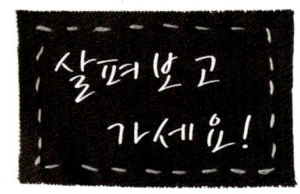

윙윙클레이는 누구나 재미있고 쉽게 따라할 수 있는 아주 쉬운 작품들입니다.
10세 미만의 아이들은 부모님과 함께 만들며 친근감과 창의력을 기를 수 있어요.

| 알아두고 가야할 것들 |

책에서 소개하는 클레이의 양은 정확한 양은 아닙니다. 보통 판매되는 한 봉지(50g)의 양을 기준으로 하였기 때문에 오차가 있습니다. 보통 클레이 작품들은 만드는 작품의 크기를 기준으로 구성물들의 크기가 변화되기 때문에 정확한 기준보다는 자신이 만들고 싶은 크기만큼 만들어 주시면 됩니다. 꼭 같은 크기로 만들어야 하는 작품은 아니기 때문에 사진을 참고해서 색상과 크기를 다양하게 변경해서 만들 수 있습니다.

책에 소개된 클레이 작품들은 부모와 아이가 쉽게 따라할 수 있는 쉬운 작품들을 기준으로 하여 응용할 수 있도록 한 작품들입니다.

시중에 판매되고 있는 클레이 제품은 다양한 색상들이 있습니다. 책에서는 5가지 색으로 혼합하는 방식을 이용하고 있는데요. 이는 색상에 대한 이해와 교육을 통해 아이들이 학습할 수 있도록 하였기 때문입니다.

이 책에서 사용된 클레이는 두 가지 종류가 있습니다.

아트클레이 : 기본 모양을 만들 때 사용합니다.
폼클레이 : 배경 작업을 만들때 주로 사용합니다.

빨강색+흰색+노란색 = 살구색

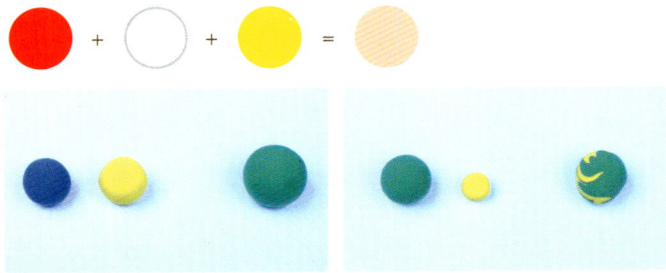

| 만들 때 주의할 점들 |

1. 오조도구나 조각도, 접착제 등은 날카롭거나 위험할 수 있으므로 반드시 부모님의 지도가 필요합니다.
2. 클레이와 오조도구, 조각도 등은 쉽게 문구점이나 인터넷에서 구입하실 수 있습니다.
3. 클레이로 작업할 때에는 나무로 된 책상이나 평평하고 거칠지 않은 곳이 좋습니다.

Wing Wing clay

예쁘고 소중한 내 아이들의 맑고, 고운 눈망울과 사랑스런 두 손으로 꼼지락 꼼지락 만지고, 늘렸다 붙였다 반죽해서 동글동글 굴리면서 즐겁게 만드는 모습을 떠올리며 설레는 마음으로 이 책을 열어 드립니다!

점토에는 소재가 다양하며 유치원이나 학교, 체험 학습장에서, 실생활의 소품으로 많은 사랑을 받아 왔습니다. 특히 신소재인 클레이는 촉감이 좋고, 인체에 무해한 제품이며, 색상이 상당히 선명해서 색의 감각을 익히기에도 좋습니다. 또한 손에 묻어나지 않고 접착력이 좋아 다른 접착제가 필요가 없을 뿐 아니라 완성품이 공기 중에 자연적으로 굳는 자연경화형 점토라는 용이 점을 가지고 있어, 기존의 점토보다 인기가 좋은데 지금까지는 점토로 만들기에만 주력해 왔던 것을 좀 더 교육적인 면에 가치를 두고자 간단한 학습내용을 곁들였습니다. 그래서 만들면서 학습을 함께 하는 프로그램으로 거듭나기를 했습니다.

대상에 따라 학습내용을 달리 해야 하는 어려움이 있지만, 오히려 한 작품을 가지고 다양한 학습내용으로 대상을 두루 수용할 수 있는 이점을 갖고 있기도 합니다. 클레이 조형 활동은 서두에서도 언급 했듯이 색채감각, 창의력 계발, EQ 및 아이들의 지능개발에 도움이 되며 실생활의 장식 및 생활소품으로 활용하시면 더욱 좋습니다.

만드는 방법이나 순서는 단계별로 자세히 설명되어 쉽게 배우고 지도할 수 있도록 구성했습니다. 학습내용의 다양성에 있어서는 다소 부족함이 있더라도 인터넷 정보가 워낙 좋아 감히 걱정은 하지 않았습니다. 오랜 세월 기다려서 만든 교재인 만큼 저도 보람되고 가슴이 벅찹니다. 모쪼록 관심 있는 분들과 학부모님, 선생님, 유아교육을 전공하는 학생들, 그 외 여러분께 유익한 책이 되었으면 하는 바람입니다.

끝으로 사랑하는 가족과 책을 내기까지 마음을 함께 해주신 지인들, 애쓰신 청강 회장님, 각 지부장님들 그리고 성안당 관계자분들께 감사드립니다.

Gallery

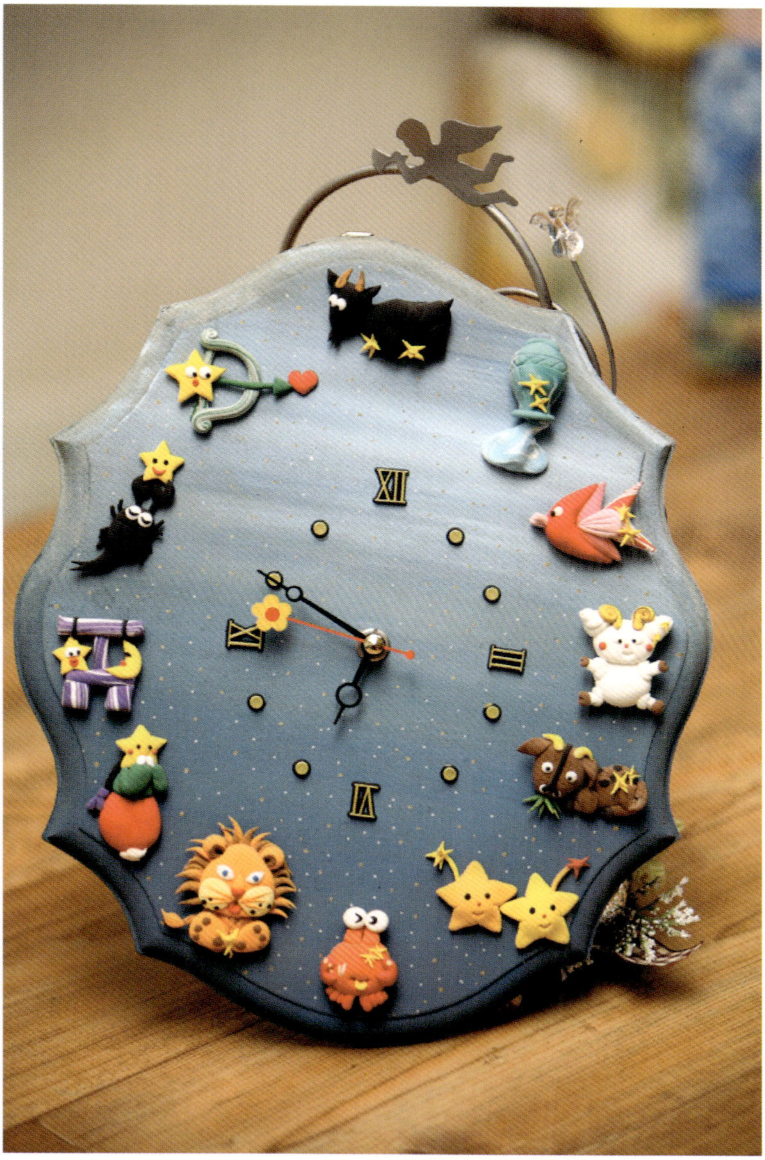

40 30 20 10 0 10 20 30
120 100 80 60 40 20 0 20
C
F

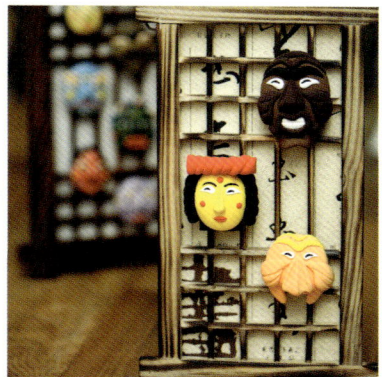

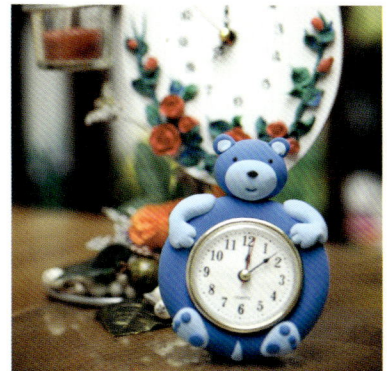

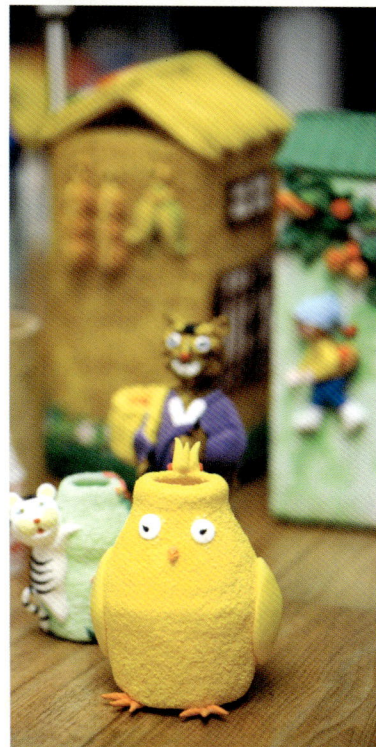

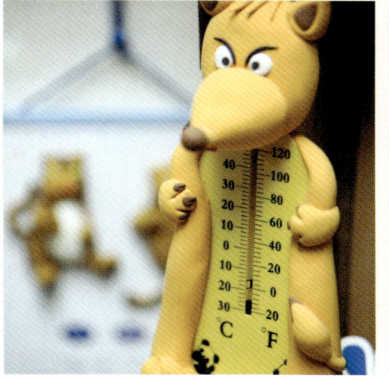

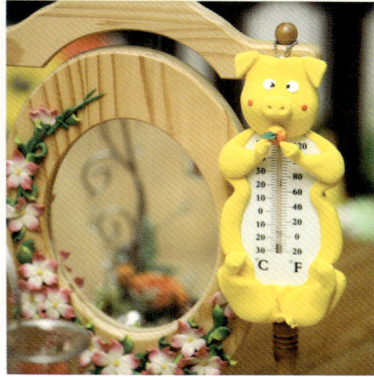

Contents

차례

머리말 • 15

갤러리 • 16

채소 만들기

01 파 만들기 • 22
02 가지 만들기 • 26
03 마늘 만들기 • 30
04 당근 만들기 • 33

과일 만들기

01 딸기 만들기 • 38
02 수박 만들기 • 42
03 감 만들기 • 46
04 오렌지 만들기 • 50
사과 만들기 • 53

Wing Wing clay

알 낳는 동물 만들기

- **01** 무당벌레 만들기 • 56
- **02** 붕어 만들기 • 59
- **03** 거북이 만들기 • 63
- **04** 개구리 만들기 • 67
- **05** 펭귄 만들기 • 71

잠자리 만들기 • 75

새끼 낳는 동물 만들기

- **01** 토끼 만들기 • 78
- **02** 강아지 만들기 • 83

생쥐 만들기 • 87

장승 만들기

- **01** 천하대장군 만들기 • 90
- **02** 지하여장군 만들기 • 94

토끼 가면 만들기 • 97

계절 꽃 만들기

- **01** 튤립 만들기 • 100
- **02** 카네이션 만들기 • 102
- **03** 해바라기 만들기 • 105
- **04** 장미꽃 만들기 • 108
- **05** 국화꽃 만들기 • 112
- **06** 코스모스 만들기 • 115
- **07** 동백꽃 만들기 • 118

자동차 만들기

- **01** 빨간 승용차 만들기 • 124
- **02** 트럭 만들기 • 127
- **03** 구급차 만들기 • 130
- 교통 표지판 • 133

간식 만들기

- **01** 소시지 만들기 • 136
- **02** 햄버거 만들기 • 139
- **03** 마가렛 쿠키 만들기 • 142
- **04** 초코쿠키 만들기 • 144
- A, B, C 초콜릿 만들기 • 147

하회탈 만들기

- **01** 각시탈 만들기 • 150
- **02** 양반탈 만들기 • 153
- **03** 이매탈 만들기 • 157

Wing Wing clay

동물모양 시계 만들기

01 곰모양 시계 만들기 • 162

시계의 유래 • 165

동물모양 온도계 만들기

돼지모양 온도계 만들기 • 168

폐품 활용해 만들기

01 미니 꽃병 만들기 • 174

02 호랑이 마라카스 만들기 • 177

캐릭터 만들기

01 다롱이 만들기 • 182

02 널뛰는 소녀 만들기 • 185

배경 만들기 • 191

윙윙클레이는?

워낙 가벼워서 굳은 상태가 아닐지라도 금방이라도 날아 갈 것(Wing) 같은 성질을 갖고 있어 "윙윙 클레이"라는 이름을 여기서 착안하여 붙이게 되었습니다.

현재 점핑클레이, 아이클레이, 천사클레이, 컬러클레이 등 여러 가지 이름으로 명명되어 신소재로 각광 받고 있으며, 유아에서 어린이는 물론 남녀노소를 불문하고 감성지수 개발 및 창의력, 집중력, 상상력 개발에 도움을 줍니다.

- 색을 혼합했을 때 색상이 선명하고 화려합니다.
- 촉감이 부드럽고 말랑말랑합니다.
- 수성점토로서 인체에 무해합니다.
- 손에 잘 묻지 않지만 혹여 묻더라도 반죽하는 과정에서 재 흡수합니다.
- 공기 중에 자연적으로 건조되는 자연경화형 점토입니다.
- 접착력이 뛰어나 특별한 접착제가 없는 용이점이 있습니다.
- 쓰고 남은 점토는 밀봉하여 보관하면 변질되지 않으며, 어느 정도 굳어진 점토는 물을 뿌려 반죽하여 다시 사용할 수 있습니다.

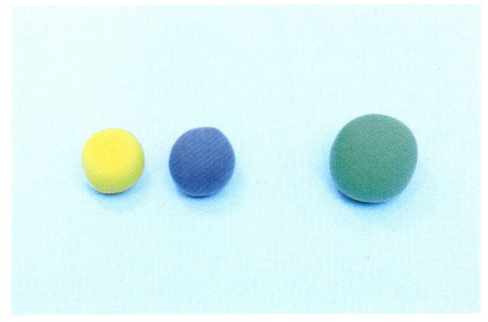

혼합법
두 가지 이상의 색을 반죽하여 한 가지 색이 되게 하는 방법입니다.

반혼합법

두 가지 이상의 색을 각각 반죽하여 색이 섞이면서 반 정도 혼합되는 방법입니다. (즉, 얼룩무늬가 되게 하는 방법)

자연스러운 번짐법

❶ 두 가지 이상 색을 각각 반죽하여 원통 모양으로 굴린 다음 서로 붙여 밀대를 이용하거나 손으로 한 방향으로 반복하여 밀어주는 방법입니다.

❷ 두 가지 색을 각각 반죽하여, 한 가지 색은 얇게, 다른 한 가지 색은 두껍게 한 다음, 얇은 색에 두꺼운 색을 얹어 보자기에 싸듯이 싸서 눌러주고, 동그랗게 굴림을 2~3회 반복하는 방법입니다.

공 모양
점토를 손바닥 사이에 넣고 공처럼 굴립니다.

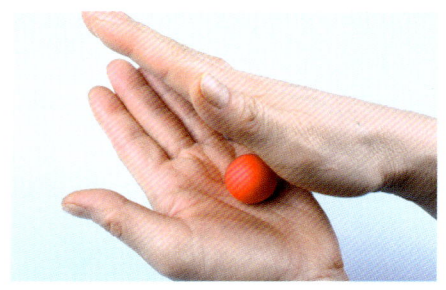

물방울모양
점토를 공처럼 굴린 후 한쪽을 뾰족하게 굴립니다.

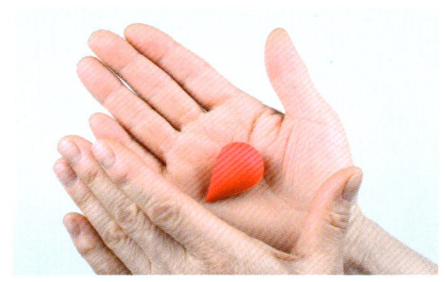

양쪽 물방울모양
점토를 공처럼 굴린 후 양쪽을 뾰족하게 굴립니다.

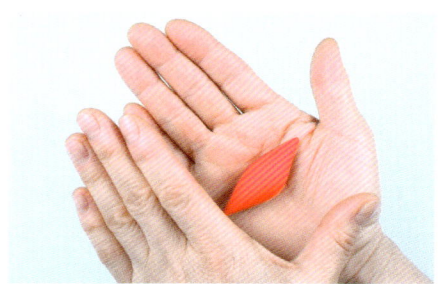

원기둥모양
점토를 공처럼 굴린 후 책상 위에 놓고 앞, 뒤로 굴리거나 비벼서 원기둥모양으로 만듭니다.

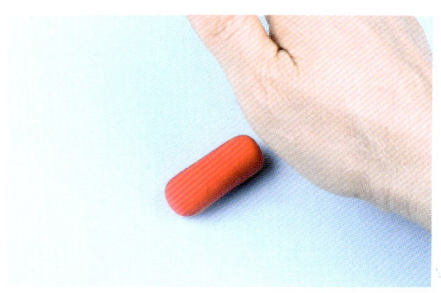

원뿔모양

점토를 물방울 모양으로 굴려, 둥근 부분을 바닥에 눌러서 평편하게 합니다.

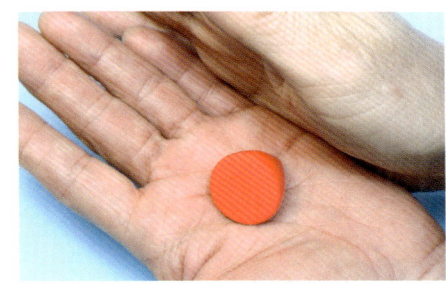

호빵모양

점토를 공처럼 굴린 후, 바닥에 놓고 손바닥으로 눌러줍니다.

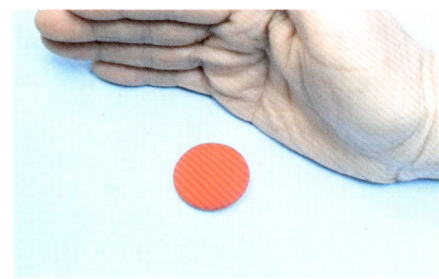

네모 상자 모양

점토를 동그랗게 굴려 앞, 뒤, 위, 아래를 눌러줍니다.

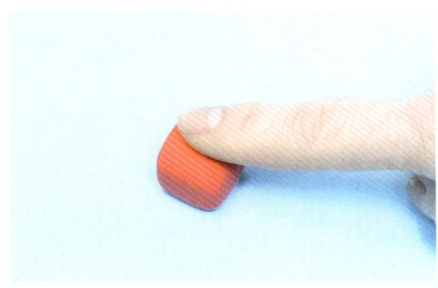

기타 모양

납작한 동그라미모양, 세모모양, 네모모양, 링모양, 가늘게 밀기, 야구방망이모양, 두 줄 꼬기, 스프링 꼬기, 주름 잡기, 꽃잎모양, 덧붙이기, 밑판 깔기, 무늬내기, 엮기(짜기) 등이 있습니다.

반 입체

한쪽 방향에서만 볼 수 있는 것을 말합니다. (즉, 납작한 인형을 말합니다) 이런 반 입체 모양의 완성품은 받침대, 하드보드지 등을 이용하여 배경지를 만들어 장식할 수 있습니다.

입체

어느 방향에서나 볼 수 있는 형태를 말합니다.

Wing Wing Clay

- 소근육(손놀림과 입놀림)을 발달시켜 두뇌 개발에 도움을 줍니다.
- 만드는 과정에서 집중력과 인내심을 키워주고 완성 후에는 성취감을 주어 정서적인 면에 많은 도움을 줄 수 있습니다.
- 구성, 창조의 본능을 자극하여 보다 새로운 것을 발견하고 창작합니다.
- 상상력 개발을 촉진합니다.
- 표출 되지 못한 욕구 불만이나 갈등의 내적인 창작 공예 활동을 통해 정화될 수 있습니다.
- 사물 자체에 대한 느낌과 감정을 미화시킬 수 있게 되므로 외부에 대한 심미적 감각을 쌓아 나갈 수 있게 됩니다.
- 조형 활동과 색채를 통하여 자기표현을 하는 수단이 되며 의사소통의 역할도 하게 됩니다.

오조도구

- 뾰족한 도구 : 구멍을 뚫거나 무늬찍기, 선을 그을 때 주로 사용합니다.
- 둥근 뾰족 도구 : 조금 큰 구멍이나 둥근 표를 눌러 줄 때 주로 사용합니다.
- 삼각 주걱 도구 : 형태에 맞는 모양을 긁거나 누를 때 주로 사용합니다.
- 톱니 도구 : 자를 때나 선을 그을 때 주로 사용합니다.
- 꽃밀대 : 꽃잎 낱장을 만들 때, 펴서 굴려 줄 때 주로 사용합니다.

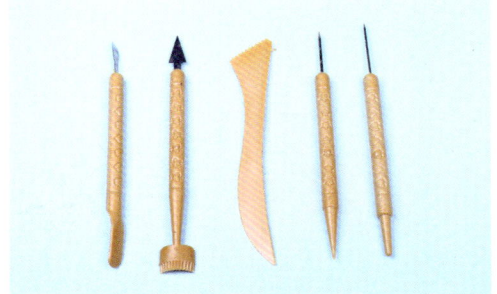

밀대
점토를 얇게 밀 때 주로 사용합니다.

가위
꽃잎을 등분 할 때나 점토를 자를 때, 꽃 수술을 자를 때 주로 사용합니다.

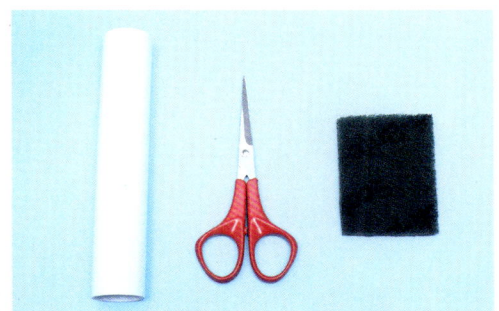

★ 오조도구나 밀대, 가위는 사용하는 사람에 따라 저마다 달리 사용할 수 있습니다.

★ 뾰족한 도구나 가위 등을 사용할 때에는 어린이들은 부모님이나 지도자의 지도가 필요합니다.

접착제

- 원목이나 플라스틱을 이용한 부재료 등에 붙일 때 사용합니다.
- 조각도-얼굴모양에서 다양한 모습(입)을 표현할 때 주로 사용합니다.

빨강색+흰색+노란색 = 살구색

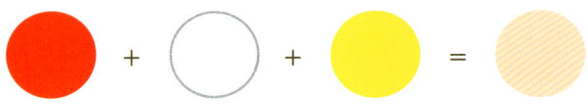

빨강색+흰색 = 분홍색

빨강색+노란색 = 주황색

파랑색+노란색 = 초록색

검정색+파랑색+노란색 = 진초록색

파랑색+흰색 = 하늘색

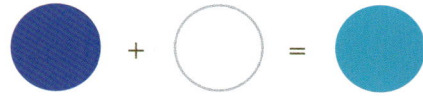

파랑색+빨강색 = 보라색

빨강색+파랑색+흰색 = 연보라색

파랑색+검정색 = 남색

빨강색+검정색 = 고동색

빨강색+검정색+노란색 = 갈색

검정색+흰색 = 회색

채소 만들기

채소의 종류에는 먹을 수 있는 종류에 따라 부위가 다릅니다.

- 잎과 줄기를 먹는 채소 : 파, 배추, 상추, 쑥갓, 양배추, 시금치 등
- 열매를 먹는 채소 : 수박, 토마토, 딸기, 참외, 오이, 가지, 고추 등
- 땅속줄기를 먹는 채소 : 마늘, 감자, 토란, 연근, 생강 등
- 뿌리를 먹는 채소 : 당근, 무, 고구마, 우엉 등
- 그 밖의 꽃을 먹는 채소로는 브로콜리와 콜리플라워 등이 있습니다.

파 만들기 22

가지 만들기 26

양파 만들기 30

당근 만들기 33

wing wing clay

01 파 만들기

잎과 줄기를 먹는 채소 중에 파를 만들어 보세요. 파는 몸을 따뜻하게 하며 위장의 기능을 도와줍니다.
파를 만들 때 유의할 점으로는 파줄기 끝부분을 너무 날카롭지 않게 굴려주세요.

+ 윙윙클레이 준비물 +

- **점토:** 파랑색 1/16, 노란색 1/16, 흰색 1/16→파, 빨강 약간, 노란색 1/30,→새끼줄
- **도구 및 부재료:** 오조도구

* 점토의 양은 한 봉지(50g)을 기준으로 하여 등분한 양입니다.

Wing Wing Clay : How to make

01 파단을 만들기 위해 파랑색 노란색을 혼합하여 초록색을 냅니다.

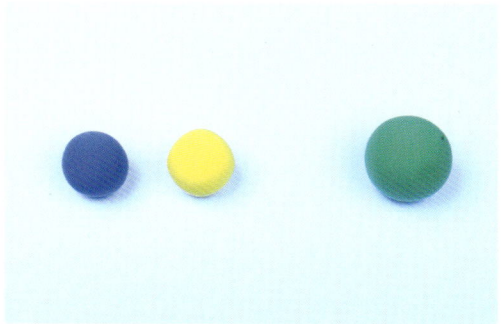

02 초록색을 12등분하여 가늘고 긴 물방울 모양으로 굴립니다.

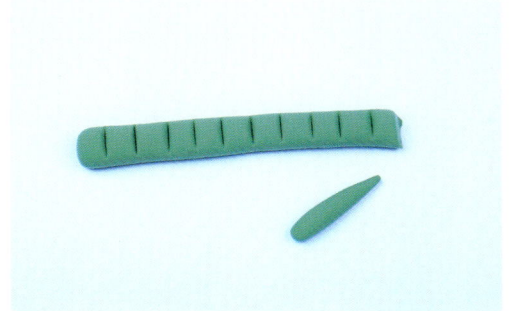

03 흰색을 12등분하여 공처럼 동그랗게 굴립니다.

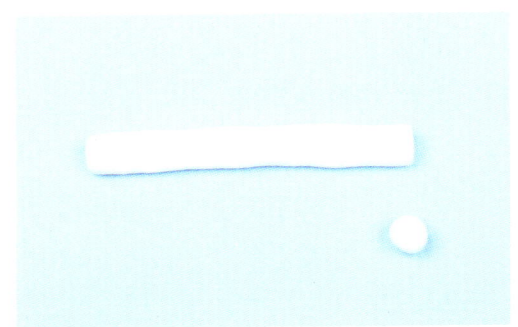

04 초록과 흰색을 연결합니다. 12뿌리를 만듭니다.

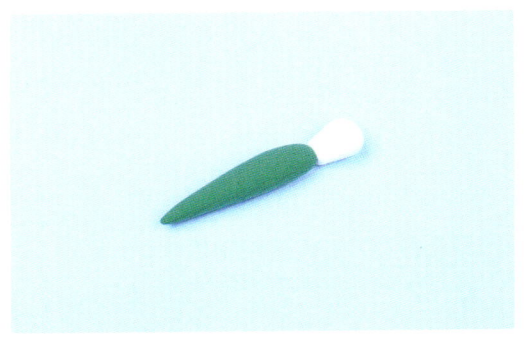

05 뾰족한 도구로 3번 눌러 뿌리를 표현합니다. 12뿌리를 동일하게 표현합니다.

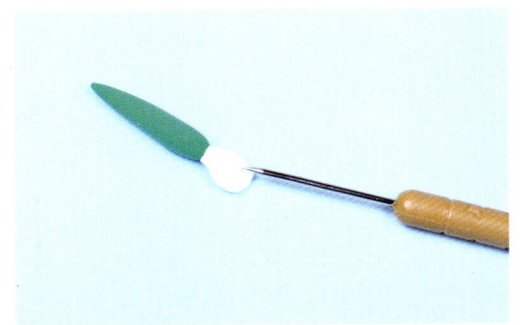

06 만들어진 12뿌리를 한단으로 모읍니다.

07 노란색, 빨강색을 혼합하여 귤색을 낸 다음 가늘고 길게 손바닥 길이 정도 밀어서 반으로 접어 새끼 꼬기를 합니다.

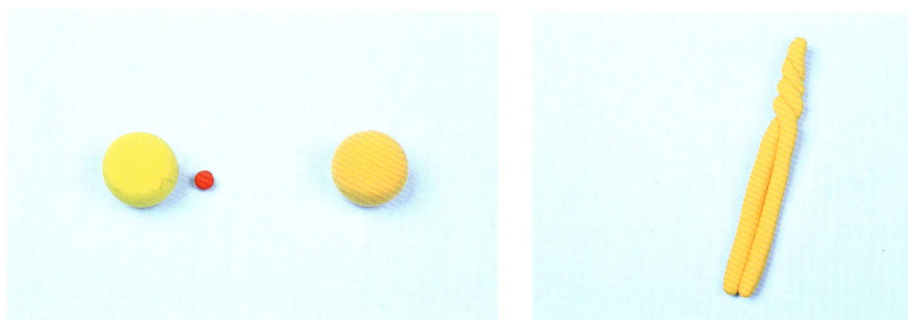

08 꼰 새끼줄을 2등분하여 양쪽 끝부분에 X자 모양으로 엮어 파단을 완성합니다.

Wing Wing clay

02 가지 만들기

수박, 토마토 등은 과일처럼 보이지만 열매채소에 속합니다. 가지는 식물성 기름으로 요리하면 리놀레산과 비타민E를 많이 섭취할 수 있습니다. 가지를 만들 때 꼭지 부분 이음선이 보이지 않게 거친 수세미로 잘 두드려줍니다.

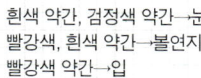

+ 윙윙클레이 준비물 +

• **점토**: 파랑색 1/16, 빨강색 1/16 → 가지
검정색 콩알 반쪽 크기, 빨강색 콩알 크기,
파랑색 콩알 크기 → 가지 꼭지

흰색 약간, 검정색 약간 → 눈
빨강색, 흰색 약간 → 볼연지
빨강색 약간 → 입

• **도구 및 부재료**: 오조도구, 거친 수세미

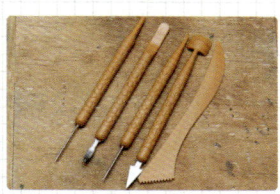

* 점토의 양은 한 봉지(50g)을 기준으로 하여 등분한 양입니다.

Wing Wing Clay : How to make

01 파랑색, 빨강색을 혼합하여 보라색을 냅니다.

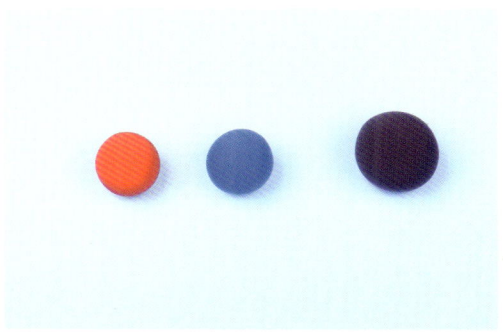

02 공처럼 동그랗게 굴린 다음 검지로 2/3지점 부분에서 앞뒤로 4~5회 정도 굴려 가지모양을 만들어 살짝 누릅니다.

03 파랑색, 빨강색, 검정색의 혼합하여 어두운 보라색을 냅니다.

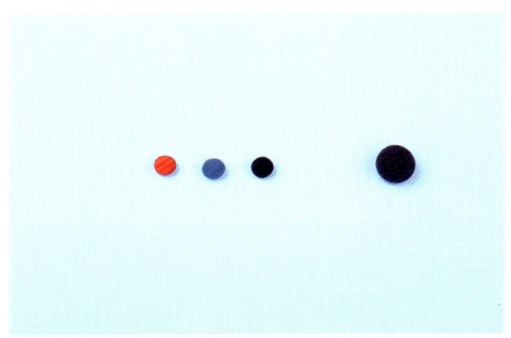

04 어두운 보라색을 3등분하여 물방울 모양으로 굴린 다음, 새 발처럼 붙여 납작하게 누릅니다.

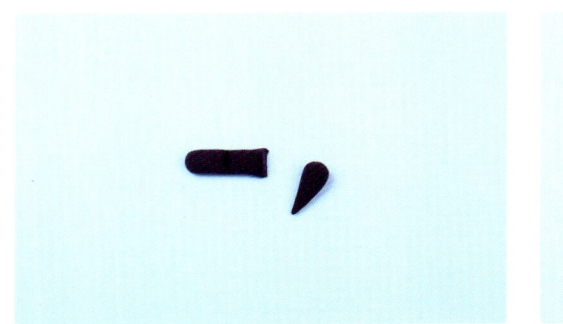
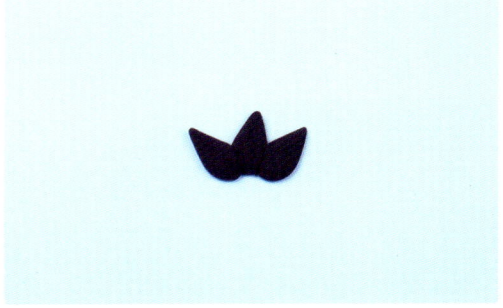

05 준비한 수세미로 누른 다음, 꼭지를 붙입니다. 이때 붙인 꼭지에서 점토를 조금 끌어당겨 끝꼭지를 만듭니다.

06
흰색, 검정색을 동그랗게 굴려 눈을 붙입니다.

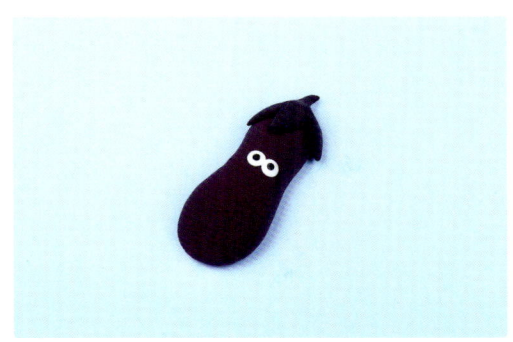

07
빨강색을 동그랗게 붙이고, 뾰족한 도구로 꼭 찔러 아래위로 끌어당기듯이 입을 표현합니다. 빨강색과 흰색을 혼합하여 분홍색을 내고, 2등분하여 동그랗게 굴려서 볼연지를 붙여 완성합니다.

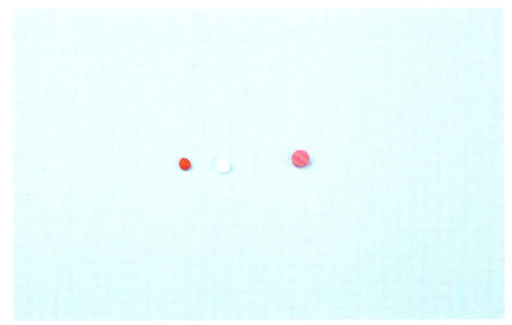

Wing Wing clay

03 마늘 만들기

땅속줄기를 먹는 채소 중 마늘은 우리 음식에 빠지지 않는 채소입니다. 마늘은 건강을 증진시키는 뛰어난 식품으로 위암을 예방하고, 면역기능을 강화하는 효능을 가지고 있습니다. 마늘을 만들 때는 마늘 쪽 붙이기에 중점을 둡니다.

난이도 | ★★☆☆☆

+ 윙윙클레이 준비물 +

- 점토: 흰색 1/8, 빨강색, 검정색 약간→마늘
  검정, 빨강 약간→눈, 입
  노란색. 파랑색 콩알 반쪽 크기정도→마늘잎

- 도구 및 부재료: 오조도구

*점토의 양은 한 봉지(50g)을 기준으로 하여 등분한 양입니다.

Wing Wing Clay : How to make

01 흰색, 검정색, 빨강색을 혼합하여 마늘 색을 만듭니다.

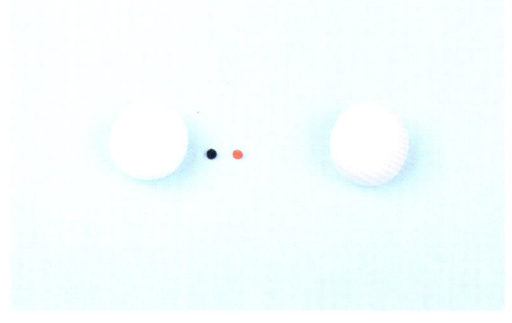

02 마늘색을 4등분하여 긴 물방울 모양으로 굴립니다. 이때 콩알크기 정도의 양은 잔뿌리 만드는 양으로 남겨 둡니다.

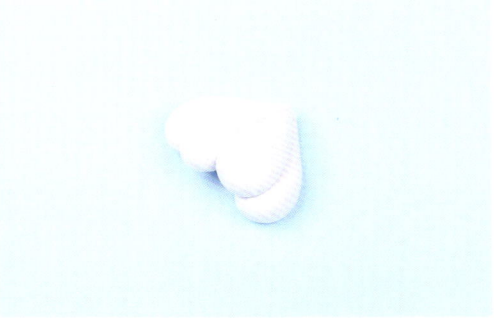

마늘 만들기 ★ 31

03
파랑색, 노란색을 반 혼합하여 3등분 하고 물방울 모양으로 만들어 한데 모읍니다.

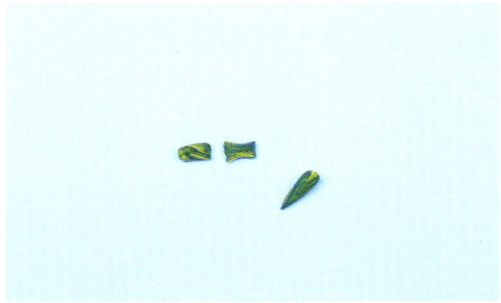

04
마늘 네 쪽을 붙이고 마늘잎을 마늘 위쪽에 붙입니다.

05
남은 마늘색을 여러 개의 잔뿌리를 가늘게 비벼 만든 후 붙입니다.

06
검정색, 빨강색 약간으로 눈과 입을 붙여 완성합니다.

Wing Wing clay

04 당근 만들기

뿌리 먹는 채소 중 당근을 만들어 보세요. 당근의 베타카로틴이 몸 안에 들어가 비타민A로 변해 시력을 보호하고, 야맹증을 예방, 개선합니다. 당근을 만들 때는 줄기와 잎 굵기에 중점을 두고 만듭니다.

난이도 | ★★☆☆☆

+ 윙윙클레이 준비물 +

- 점토: 빨강색1/40, 노란색1/16→당근
  파랑색1/50, 노란색 1/40→당근 잎
  흰색, 검정색 약간→눈

- 도구 및 부재료: 오조도구

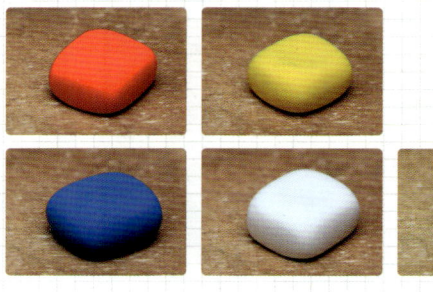

* 점토의 양은 한 봉지(50g)을 기준으로 하여 등분한 양입니다.

Wing Wing Clay : How to make

01 빨강색과 노란색 혼합하여 당근색을 냅니다.

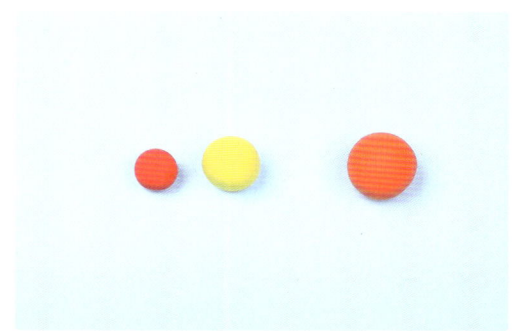

02 긴 물방울 모양의 뿌리를 만들고 뿌리부분에 도구로 4~5회 정도 선을 그어줍니다.

03 노란색, 파랑색을 혼합하여 초록색을 낸 다음 남은 노란색과 반 혼합(얼룩무늬)합니다.

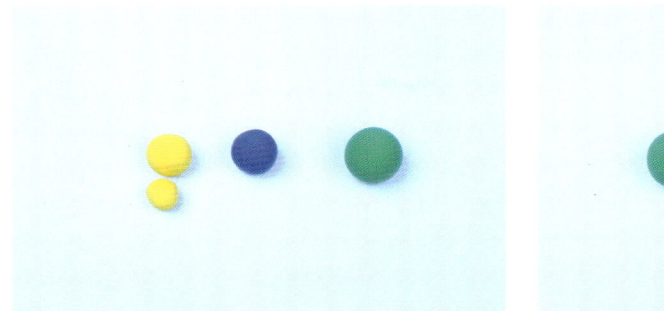
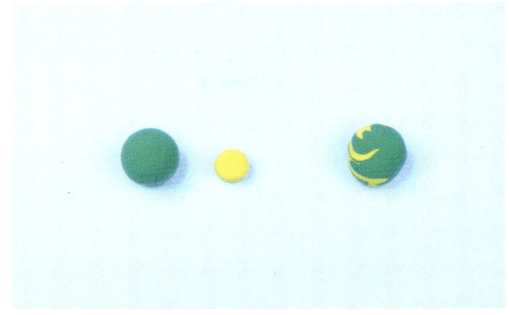

04 반 혼합한 03을 물방울 모양으로 굴려서 살짝 누른 다음, 뾰족한 도구를 사용하여 S자로 긁어주고 콕콕 찔러 잎을 표현합니다.

05 뿌리와 잎을 연결합니다.

06 흰색을 2등분하여 원기둥모양으로 굴린 다음, 살짝 구부려 흰 눈동자를 붙이고, 검정색 눈동자를 붙여 완성합니다.

과일 만들기

과일은 꽃이 자라 식물의 살(과육)이 되어 그 안에 씨를 가지고 있는 것이며,
열리는 곳이 나무이고, 여러해살이인 경우입니다.
맛과 영양가는 종류에 따라 조금씩 차이가 있지만 제철 과일은 영양소,
특히 비타민 C가 많이 들어 있고 싱싱하며 맛과 향이 뛰어납니다.

- 봄 과일: 딸기, 앵두, 산딸기, 등
- 여름 과일: 수박, 참외, 토마토, 자두, 복숭아 등
- 가을 과일: 사과, 배, 감, 대추, 포도, 석류 등
- 겨울 과일: 귤, 오렌지 등

※ 딸기, 수박, 참외, 토마토 등은 채소이면서 과일이라서 채소과일이라고 합니다.

딸기 만들기 38
수박 만들기 42
감 만들기 46
오렌지 만들기 50

Wing Wing Clay

01. 딸기 만들기

과일 중 딸기는 누구나 좋아하는 봄철에 먹는 과일입니다. 비타민 C가 많아 저항력을 키우고, 피부를 아름답게 하는데 도움을 줍니다. 안 익은 딸기색을 배합할 때는 반 혼합이 잘 되도록 유의하여 딸기를 만듭니다.

난이도 | ★☆☆☆☆

+ 윙윙클레이 준비물 +

- 점토: 빨강색 1/8→익은 딸기
  노란색 1/40, 파랑색 1/40, 흰색 1/40→안 익은 딸기
  노란색 1/50, 파랑색 1/50→딸기 꼭지, 스프링
  흰색, 검정색, 노란색 약간→눈, 입

- 도구 및 부재료: 오조도구, 조각도

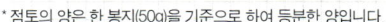

* 점토의 양은 한 봉지(50g)을 기준으로 하여 등분한 양입니다.

Wing Wing Clay : How to make

01 빨강색을 물방울 모양으로 굴려 딸기모양을 만들고, 뾰족한 도구로 콕콕 찔러 씨앗을 표현합니다.

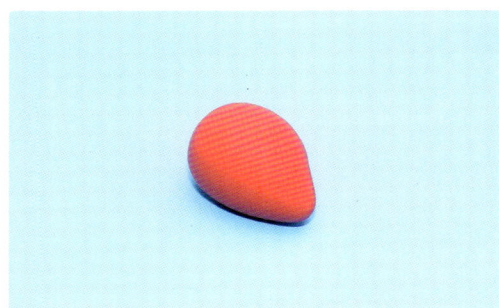

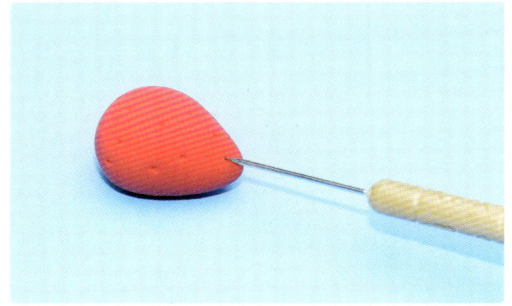

02 노란색, 파랑색을 혼합하여 초록색을 내고, 4등분을 합니다. 이때 2/4의 양은 익은 딸기와 안 익은 딸기를 연결하는 줄기모양을 만드는 양입니다.

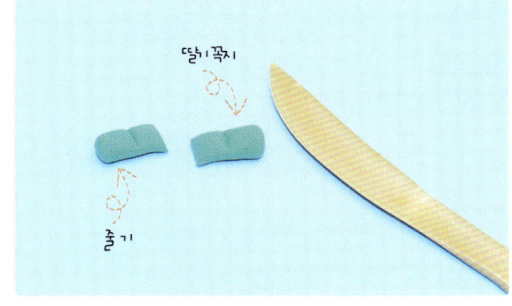

딸기 만들기 • 39

03 02에서 1/4양을 4등분하여 물방울 모양으로 굴려 딸기 꼭지를 붙입니다.

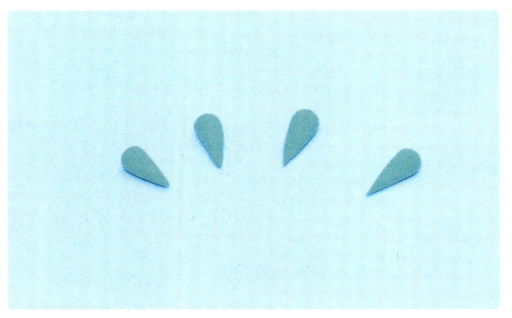 

04 파랑색, 노란색을 혼합하여 초록색을 냅니다. 초록색과 흰색을 반혼합하여 물방울 모양으로 굴린 다음, 뾰족한 도구로 콕콕 찔러 씨앗을 표현합니다.

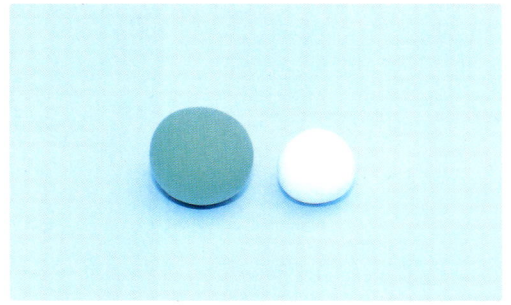 

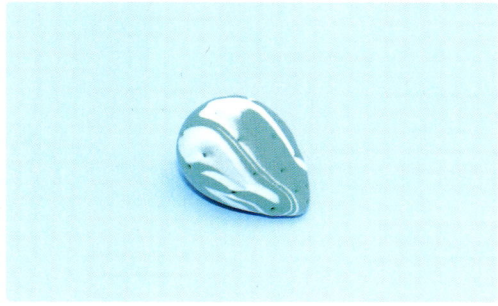

05 02에서 남은 1/4양을 4등분하여 물방울 모양으로 굴려, 안 익은 딸기 꼭지를 붙입니다.

06

02에서 남겨 놓은 양을 스프링 모양으로 만들어 놓은 양을 스프링 모양으로 만들어 익은 딸기와 안 익은 딸기를 연결합니다.

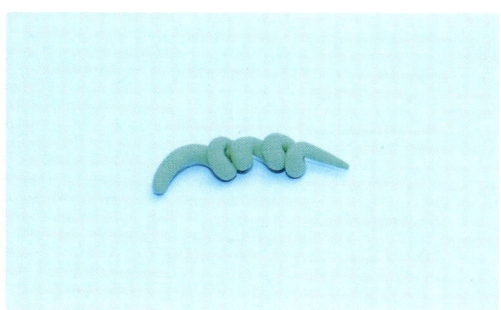

07

흰색을 3등분하여 동그랗게 굴려 납작하게 누른 다음 2개는 흰 눈동자를 붙이고, 하나는 반으로 나누며 눈꺼풀로 붙인 다음, 검정색으로 검은 눈동자를 붙입니다. 노란색을 동그랗게 굴려 입을 붙이고, 조각도 U자로 눌러 입모양을 표현하여 완성합니다.

Wing Wing Clay

02. 수박 만들기

여름에 가장 많이 먹는 시원하고 맛있는 수박을 만들어 보세요. 수박은 몸의 열을 제거하고 수분, 혈액 순환을 좋게 합니다. 수박을 만들 때 수박 줄 붙이기에 중점을 둡니다.

난이도 | ★★☆☆☆

+ 윙윙클레이 준비물 +

• 점토: 노란색1/8, 파랑1/8→수박
검정색 콩알크기→수박 줄
빨간색 1/30, 파랑색, 노란색 콩알크기
→조각수박

검정색 약간→수박씨앗
흰색, 검정색, 빨강색 약간→눈, 입
노란색, 파란색 약간→수박꼭지

• 도구 및 부재료: 오조도구, 조각도

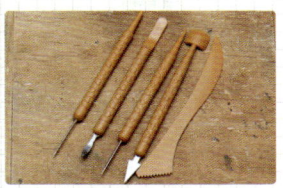

* 점토의 양은 한 봉지(50g)을 기준으로 하여 등분한 양입니다.

Wing Wing Clay : How to make

01 노란색과 파랑색을 혼합하여 초록색을 내고, 공처럼 동그랗게 굴립니다.

02 검정색을 6등분하여 검지로 가늘고 길게 밀어서 수박 줄을 붙이고 공처럼 다시 한 번 굴립니다.

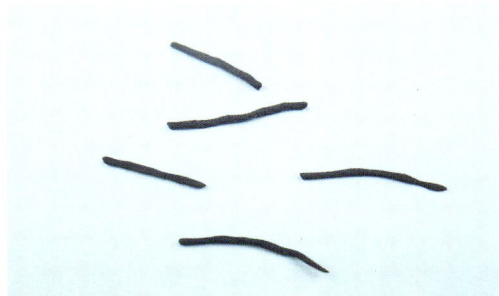

수박 만들기 *43

03 초록색으로 가늘게 비벼 꼭지를 붙인 다음, 스프링 모양으로 만듭니다.

04 빨강색을 양쪽 물방울 모양으로 굴린 다음 반달 모양으로 누릅니다. 파랑색과 노란색을 혼합하여 초록색을 내고 양쪽 물방울 모양으로 굴려 납작하게 누른 다음, 수박껍질을 붙입니다.

05 검정색 약간을 4등분하여 물방울 모양으로 굴린 다음 씨앗을 붙입니다.

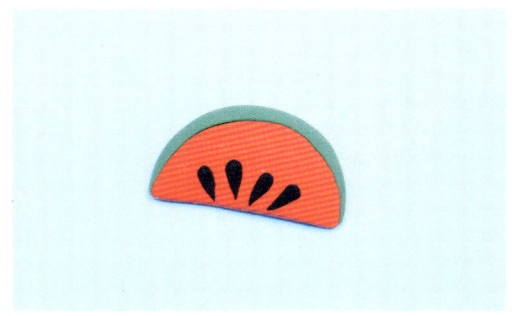

06
검정색도 같은 방법으로 하여 흰색 위에 붙입니다. 눈을 붙이고 U자 조각도를 거꾸로 하여 입을 찍어줍니다.

07
빨강색을 물방울 모양으로 굴려 입에 대고 뾰족한 기구로 밀어 넣듯이 붙이고, 흰색을 물방으로 굴려 침 흘림을 표현하여 완성합니다.

Wing Wing clay

03 감 만들기

추석이 다가올 때 주로 볼 수 있는 감을 만들어 보세요. 감의 떫은맛을 내는 타닌 성분은 장의 점막을 수축시켜 설사를 멎게 합니다. 감을 만들 때 감꼭지 부분의 이음새가 보이지 않게 검지로 잘 눌러줘야 예쁘게 만들 수 있어요.

난이도 | ★☆☆☆☆

✚ 윙윙클레이 준비물 ✚

- **점토**: 빨강색1/20, 노란색1/10→감
  파랑색, 노란색 콩알크기→감잎(감꼭지)
  빨강색, 검정색 약간→밤색 감꼭지
  흰색, 검정색 약간→눈
- **도구 및 부재료**: 오조도구, 가위

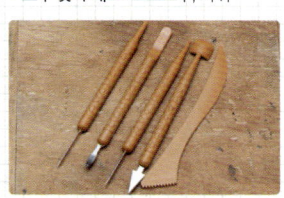

* 점토의 양은 한 봉지(50g)을 기준으로 하여 등분한 양입니다.

Wing Wing Clay : How to make

01 빨강색, 노란색의 혼합하여 감색을 낸 다음 타원형으로 굴립니다.

02 검지로 감잎(감꼭지) 붙일 부분을 눌러줍니다.

감 만들기 ✱ 47

03
파랑색, 노란색을 혼합하여 초록색을 낸 후, 4등분하고 물방울 모양으로 굴린 후 감꼭지를 만듭니다.

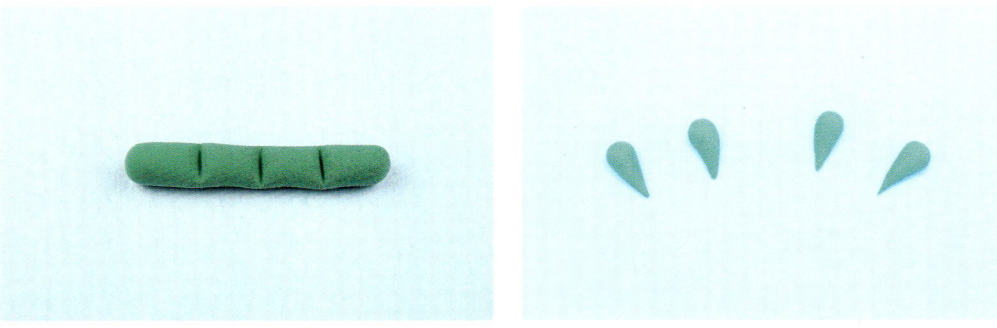

04
물방울 모양의 뾰족한 부분이 바깥쪽을 향하게 하여, 이음새가 표나지 않게 여러 번 눌러 감잎(감꼭지)를 붙입니다.

05
빨강색, 검정색을 혼합하여 고동색을 내고 감꼭지를 붙입니다.

06 입은 가위 끝부분으로 살짝 잘라 표현합니다.

Wing Wing Clay

04 오렌지 만들기

새콤달콤한 맛의 오렌지는 겨울이 되어야 볼 수 있는 과일로 비타민A와 C가 풍부하여 피부미용에 좋습니다. 오렌지를 만들 때는 폼클레이를 이용합니다. 꼭지 부분의 모양내기에 중점을 둡니다.

난이도 | ★☆☆☆☆

+ 윙윙클레이 준비물 +

• 점토: 노란색(폼클레이) 1/10, 빨강색(폼클레이)콩알 크기→오렌지
  노란색1/16→오렌지 속
  노란색 콩알 반쪽 크기, 파랑색 약간→오렌지꼭지
  흰색, 검정색, 빨강색 약간→눈, 입

• 도구 및 부재료: 오조도구

* 점토의 양은 한 봉지(50g)을 기준으로 하여 등분한 양입니다.

Wing Wing Clay : How to make

01 노란색을 동그랗게 굴려 오렌지 속을 만듭니다.

02 노란색(폼클레이), 빨강색(폼클레이)를 혼합하여 오렌지 색을 냅니다.

오렌지 만들기 51

03 오렌지색 폼클레이를 동그랗게 굴린 다음, 얇게 펴서 01(오렌지 속)에 붙여줍니다.

04 흰색으로 눈을 붙이고, 빨강색으로 두 개의 하트를 만들어 눈동자를 붙인 다음 빨강색을 가늘게 비벼 입을 붙입니다.

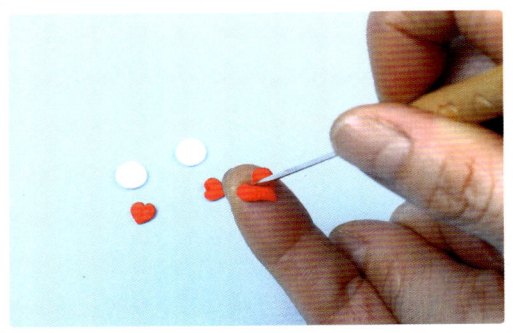

05 파랑색, 노란색을 혼합하여 연두색을 내고, 4등분하여 물방울 모양으로 굴립니다.

06 꼭지를 붙여 완성합니다.

wing wing clay ★

사과 만들기

과일은 익기 전에 보통 초록색을 띠는데 그 이유는 무엇일까요? 초록색 잎사귀와 같은 색깔을 하고 있으면, 색이 구분되지 않아 열매가 잘 익을 때까지 동물이나 사람에게 먹히는 것을 방지할 수 있다고 합니다.

+ 윙윙클레이 준비물 +

- **점토**: 빨강색(폼클레이) 1/4, 초록색(폼클레이 파랑색+노란색 약간) = 사과
  흰색 콩알 2개 크기, 검정색 약간 = 눈
  흰색 1/50, 빨강색 약간 = 치아, 입술
  초록색(파랑색+노란색) 콩알크기, 파랑색 약간 = 잎사귀
  고동색(빨강색+검정색) 약간 검정색 약간 = 사과꼭지

- **도구 및 부재료**: 오조도구, 사과폼, 사진집게

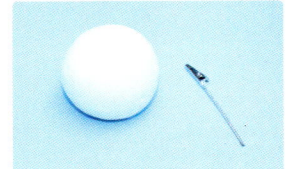

❶ 빨강색(폼클레이), 초록색(폼클레이 파랑색+노란색)을 사과폼에 얇게 펴 붙입니다.

❷ 흰색, 검정색으로 눈을 붙이고, 흰색을 원기둥으로 굴린 다음 살짝 구부려 입을 붙인 후 도구로 치아를 표현하고, 빨강색을 길게 밀어 입술을 붙입니다.

❸ 초록색(파랑색+노란색)을 파랑색과 반 혼합하여 물방울 모양으로 굴려서 도구로 잎맥을 그어 붙이고, 고동색(빨강색+검정색)을 검정색과 반 혼합하여 꼭지를 붙여 완성합니다.

알 낳는 동물 만들기

알 낳는 동물의 종류로는 곤충, 어류, 파충류, 양서류, 조류 등이 있습니다.

- 곤충: 무당벌레, 매미, 잠자리, 나비, 등
- 어류: 미꾸라지, 뱀장어, 조기, 붕어, 비단잉어, 상어 등
- 파충류: 거북이, 악어, 뱀, 도마뱀, 카멜레온 등
- 양서류: 개구리, 도롱뇽, 맹꽁이, 두꺼비 등
- 조류: 닭, 펭귄, 비둘기, 참새, 앵무새, 타조 등

무당벌레 만들기 56
붕어 만들기 59
거북이 만들기 63
개구리 만들기 67
펭귄 만들기 71

wing wing clay

01· 무당벌레 만들기

무당벌레는 진딧물을 먹는 곤충으로 주로 봄에 알을 낳고 특히 채소에 해를 끼치는 진디를 잡아먹는 유익한 벌레입니다. 귀여운 무당벌레를 만들 때는 등의 점무늬를 두께 없이 얇게 붙입니다.

난이도 | ★☆☆☆☆

+ 윙윙클레이 준비물 +

- **점토**: 빨강색1/32→몸
  파랑색, 노란색 콩알 반쪽크기→머리
  검정색, 흰색 약간→등의 점무늬, 눈
- **도구 및 부재료**: 오조도구, 조각도

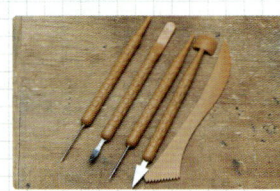

* 점토의 양은 한 봉지(50g)을 기준으로 하여 등분한 양입니다.

Wing Wing Clay : How to make

01 빨강색을 동그랗게 굴려 살짝 눌러서 몸을 만듭니다.

02 몸의 가운데 선을 넣어 양쪽 날개를 표현합니다.

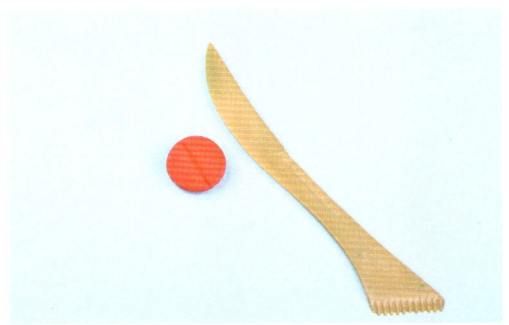

03
파랑색, 노란색을 혼합하여 초록색을 낸 다음, 동그랗게 굴려 머리를 붙입니다.

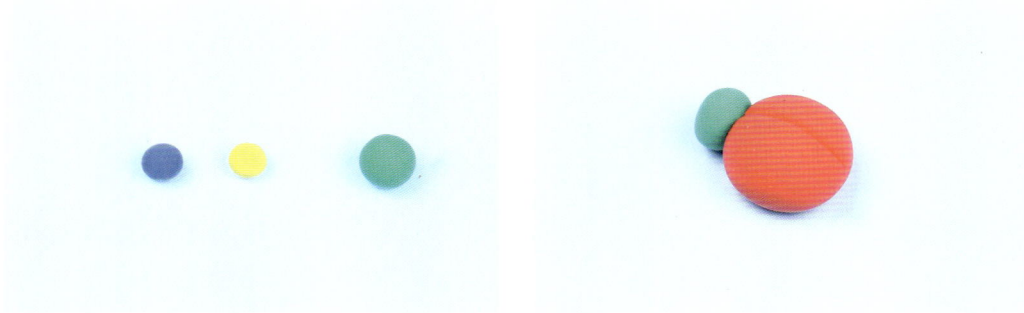

04
검정색을 적당한 크기로 나누어 동그랗게 굴려 점무늬를 붙입니다.

05
흰색과 검정색으로 눈을 붙이고, 조각도U자를 이용해 입을 찍어 완성합니다.

Wing Wing clay

02·붕어 만들기

알 낳는 동물 중 어류에 속하는 붕어를 만들어 보세요. 물고기는 아가미로 호흡하고, 지느러미로 이동하며 몸 표면이 비늘로 덮여있어 환경과 온도의 영향을 받습니다. 만들 때 주의할 점은 붕어 몸을 연결할 때 이음새 부분을 자연스럽게 붙여야 합니다.

✢ 윙윙클레이 준비물 ✢

- 점토: 노란색1/8, 파랑색1/8→몸
  노란색1/30, 파랑색1/30→지느러미
  흰색, 검정색, 빨강색 약간→눈, 입

- 도구 및 부재료: 오조도구

* 점토의 양은 한 봉지(50g)을 기준으로 하여 등분한 양입니다.

Wing Wing Clay : How to make

01 노란색과 파랑색을 각각 반죽하여 동그랗게 굴린 다음 보름달처럼 눌러 각각 반으로 자릅니다.

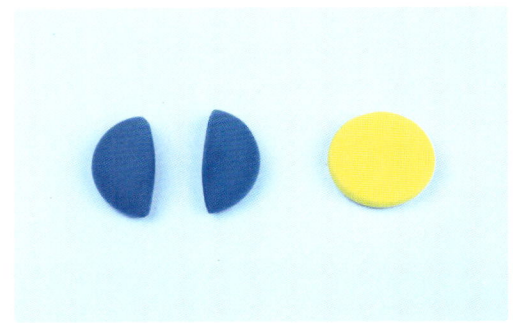

02 노란색 반과 파랑색 반을 붙여 몸통을 만듭니다.

03
노란색과 파랑색을 반 혼합하여 3등분합니다.

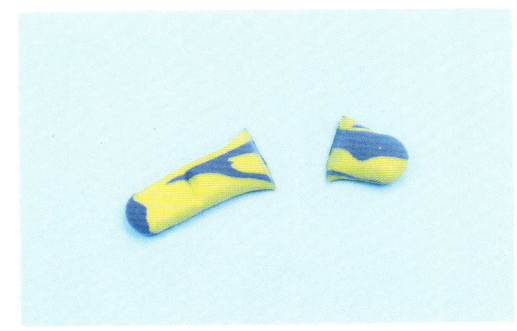

04
3등분 중 1/3의 양을 동그랗게 굴린 다음, 납작하게 누르고, 반으로 잘라 아래 위 지느러미를 붙입니다.

05
03의 2/3의 양 중 1/3을 물방울 모양으로 굴려 옆지느러미를 붙입니다.

06
3등분 중 1/3의 양을 2등분하여 물방울 모양으로 굴려, 꼬리지느러미를 붙입니다. 3등분 중 1/3의 양을 물방울 모양으로 만들어 옆 지느러미를 붙입니다.

07 흰색, 검정색으로 눈을 붙입니다.

08 빨강색을 물방울 모양으로 굴려 입을 붙이고, 가로선을 넣어 완성합니다.

Wing Wing clay

03 · 거북이 만들기

파충류과의 거북이는 매우 느린 동물이지만 바다에서는 자유롭게 수영을 할 수가 있습니다. 아침이나 오후에 일광욕을 하고, 성체가 될수록 생먹이를 찾는 거북이를 만들 때는 등껍질을 표현하는데 중점을 둡니다.

난이도 | ★★☆☆☆

+ 윙윙클레이 준비물 +

- 점토: 흰색1/16, 빨강색1/30→몸
  흰색 1/30→얼굴
  흰색 콩알 반쪽 크기→꼬리
  흰색 1/30→발
  노란색 콩알만큼→모자
  검정색, 빨강색 약간→눈, 입
- 도구 및 부재료: 오조도구

* 점토의 양은 한 봉지(50g)를 기준으로 하여 등분한 양입니다.

Wing Wing Clay : How to make

01 흰색, 빨강색을 혼합하여 분홍색을 냅니다.

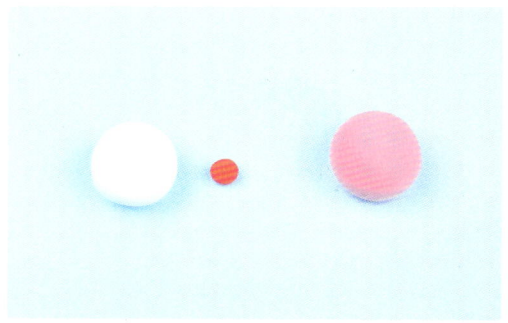

02 분홍색을 타원형으로 굴려 살짝 누르고 톱니모양 도구로 다이아몬드 모양으로 눌러 등껍질을 표현합니다.

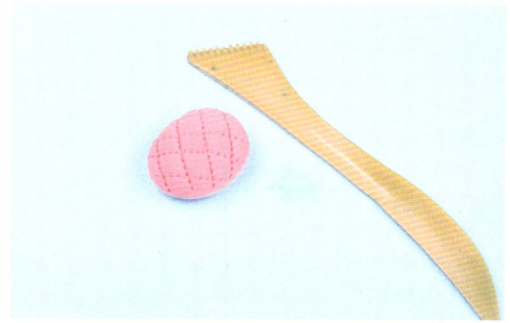

03
흰색을 물방울 모양으로 굴려 머리를 붙입니다.

04
콩알 크기의 흰색을 물방울 모양으로 굴려 머리 반대쪽에 꼬리를 붙입니다.

05
흰색 4등분하여 동그랗게 굴려 발을 붙이고, 뾰족한 도구로 두 번 눌러 발가락을 표현합니다.

06
노란색을 2등분하여 1/2의 양은 콩알처럼 굴려 납작하게 누른 다음 모자의 창을 붙이고, 나머지 1/2의 양은 원기둥으로 굴려 모자 봉으로 붙입니다.

07 검정색을 가늘게 빈 후 Y자로 구부려 두 눈을 붙이고, 뽀족한 도구로 콧구멍을 찔러 표현합니다.

08 빨강색을 동그랗게 입을 붙이고, U자 조각도로 눌러 입을 표현하여 완성합니다.

Wing Wing clay

04·개구리 만들기

어릴 적 시골 냇가에 가면 자주 볼 수 있는 개구리는 물속에서 알을 낳고, 알에서 깨어나 올챙이가 되면 아가미로 호흡합니다. 개구리가 되면 폐와 피부로 숨을 쉬게 됩니다. 개구리를 만들 때는 오조도구와 조각도를 이용하여 개구리 다리 붙이기와 입안의 혀 만들기에 중점을 두고 만들어 보세요.

난이도 | ★★★☆☆

+ 윙윙클레이 준비물 +

- **점토**: 점토: 노란색1/30, 파랑색1/30→몸통
  노란색1/50, 파랑색1/50→얼굴
  노란색1/30, 파랑색1/30→다리
  노란색, 파랑색 콩알 크기→눈
  흰색, 검정색, 빨강색 약간→눈동자, 입
  노란색 콩알크기→볼(노래주머니)

- **도구 및 부재료**: 오조도구, 조각도

   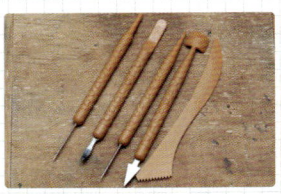

* 점토의 양은 한 봉지(50g)을 기준으로 하여 등분한 양입니다.

Wing Wing Clay : How to make

01 노란색, 파랑색 혼합하여 초록색을 만듭니다.

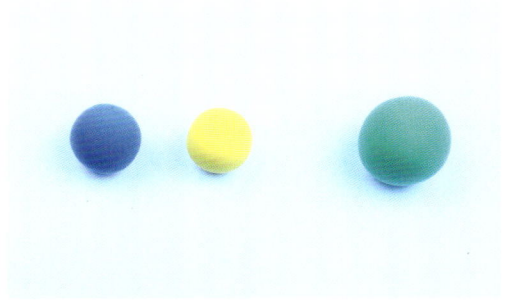

02 초록색을 물방울 모양으로 굴려 몸통을 만듭니다.

03 노란색, 파랑색을 혼합하여 초록색을 내고, 타원형으로 굴려 얼굴을 붙입니다.

04 노란색, 파랑색을 혼합하여 초록색을 내고, 2등분하여 동그랗게 굴린 후 눈을 붙입니다.

05 초록색 위에 흰색 눈을 붙이고, 검정색을 가늘게 비벼서 눈동자를 붙입니다.

06 뾰족한 도구로 콧구멍을 찔러 표현하고 입에 붙인 다음, 뾰족 도구로 눌려 혀를 붙입니다.

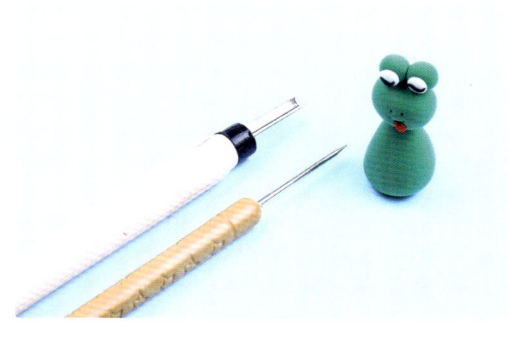

07
노란색을 2등분하고 동그랗게 굴려서 볼(노래주머니)을 만들어 붙입니다.

08
노란색, 파랑색을 혼합하여 초록색을 내고, 4등분하여 긴 물방울 모양으로 굴려, 뾰족한 도구를 이용하여 물갈퀴 모양을 표현하고, 네 다리를 붙여 완성합니다.

Wing Wing clay

05 펭귄 만들기

추운 남극에 사는 펭귄은 날지 못하는 새지만, 물갈퀴가 있어 헤엄을 치며 물고기를 잡아먹는 동물입니다. 펭귄을 만들 때는 배와 얼굴부분의 간격을 잘 맞추어 만드세요.

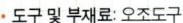

+ 윙윙클레이 준비물 +

- **점토**: 점토: 검정색1/4, 흰색1/30→몸
  검정색1/50→팔, 검정색1/50→발
  빨강색 콩알크기, 노란색 콩알 반쪽크기→귀마개
  빨강색 약간, 노란색은 빨강색보다 2배되는 약간 →입
  흰색, 검정색 약간→눈

- **도구 및 부재료**: 오조도구

* 점토의 양은 한 봉지(50g)을 기준으로 하여 등분한 양입니다.

Wing Wing Clay : How to make

01 검정색을 물방울 모양으로 굴려 몸통을 만듭니다.

02 흰색을 물방울 모양으로 굴려 납작하게 눌러 배를 붙입니다.

03 검정색을 이등분하여 긴 물방울모양을 만들어 팔을 붙입니다.

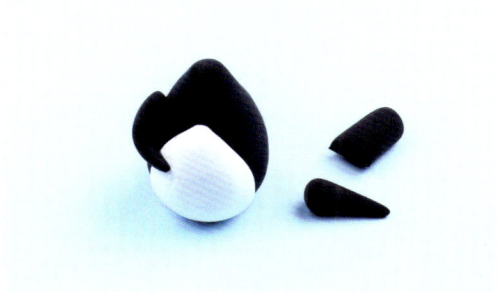

04 검정색을 이등분하여 물방울 모양으로 굴려 납작하게 누른 다음 뾰족한 도구로 물갈퀴 모양을 내고 발을 붙입니다.

05 흰색과 검정색으로 눈을 만들어 붙입니다.

06 부리를 만들기 위해 빨강색, 노란색을 혼합하여 주황색을 냅니다.

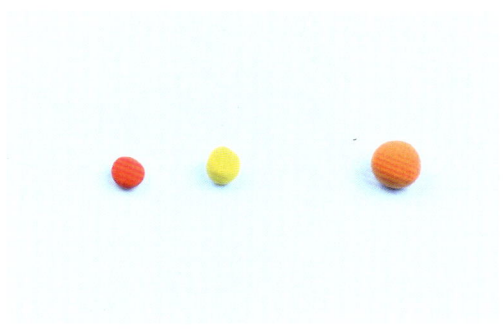

07
주황색을 양쪽 물방울 모양으로 굴려 입을 붙이고 뾰족한 도구로 양쪽에서 가운데 부분을 모아 눌러 부리를 표현합니다.

08
빨강색을 가늘고 길게 비벼 머리띠처럼 길게 붙입니다.

09
빨강색을 두 개의 콩알로 굴려 양쪽 귀 부위에 붙이고, 뾰족한 도구로 긁어줍니다.

10
마지막으로 동그랗게 굴린 노란색을 귀마개 위에 덧붙여 완성합니다.

wing wing clay

잠자리 만들기

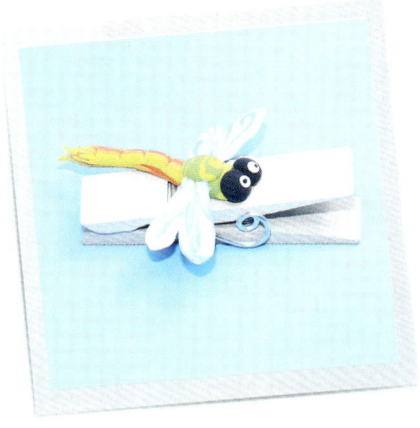

+ 윙윙클레이 준비물 +

- **점토**: 빨강색, 노란색 콩알 크기 = 잠자리 꼬리
  파랑색, 흰색 콩알 크기 = 잠자리 날개
  초록색 (노란색 + 파랑색 콩알크기) = 잠자리 몸
  검정색 콩알크기, 흰색 약간 = 눈

- **도구 및 부재료**: 오조도구, 집게

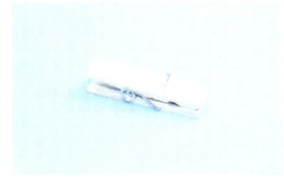

* 점토의 양은 한 봉지(50g)을 기준으로 하여 등분한 양입니다.
* 날개와 꼬리, 몸 등의 색을 반 혼합할 때 유의합니다.

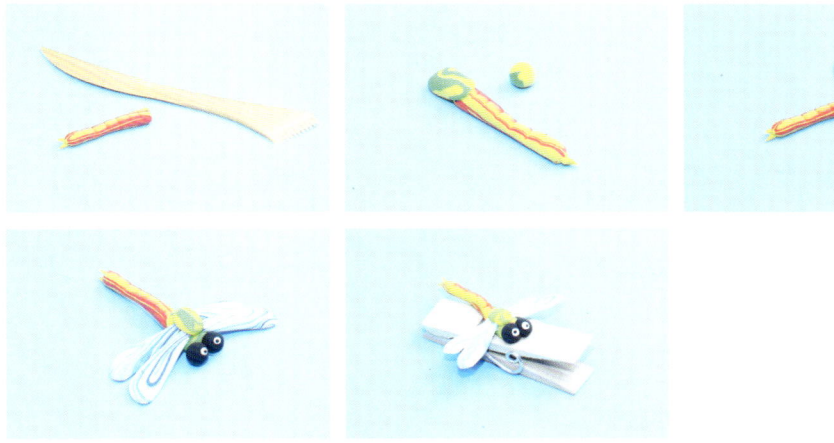

❶ 빨강색과 노란색을 반 혼합하여 길게 굴려 도구로 선을 넣어 꼬리를 만듭니다.

❷ 노란색과 초록색을 반 혼합하여 원기둥 모양으로 굴려 몸을 붙입니다. 이 때, 약간 남겨둡니다.

❸ 파랑색과 흰색을 반 혼합하여 4등분 후 긴 물방울 모양으로 굴려 날개를 붙입니다.

❹ 검정색, 흰색으로 눈을 붙여 완성합니다.

새끼 낳는 동물 만들기

새끼 낳는 동물은 포유류라고 합니다.
포유류는 새끼에게 젖을 먹이는 척추동물이고,
어미나 새끼의 모습이 서로 비슷합니다.

- 새끼 낳는 동물: 개, 고양이, 여우, 호랑이, 코끼리, 쥐, 원숭이, 기린, 고래, 토끼, 돼지 등

토끼 만들기 78

강아지 만들기 83

Wing Wing clay

01·토끼 만들기

토끼의 귀가 긴 이유는 무엇일까요? 토끼는 아주 작은 소리를 놓치지 않고 들어서 맹수들의 공격으로부터 자신을 보호해야 하기 때문에 귀가 유난히 길다고 하네요. 팔 다리 모양내기에 중점을 두어 토끼를 만들어 보세요.

난이도 | ★★★☆☆

+ 윙윙클레이 준비물 +

• **점토:** 흰색 1/4→몸
  흰색 1/16→다리
  흰색 1/40→팔
  흰색 콩알크기→꼬리
  파랑색 1/50, 검정색, 빨강색 약간→마이크, 음표,
  입안의 혀, 코
  흰색 1/8→얼굴
  흰색 1/20→귀
  노란색 콩알크기→귓속 물방울
  흰색, 검정색 약간→눈
  빨강색, 콩알크기→리본

• **도구 및 부재료:** 오조도구

*점토의 양은 한 봉지(50g)을 기준으로 하여 등분한 양입니다.

Wing Wing Clay : How to make

01 흰색을 물방울 모양으로 굴려 몸통을 만듭니다.

02 흰색을 2등분하여 두 개의 야구방망이 모양으로 굴리고, 'L'자로 구부려서 다리모양을 만듭니다.

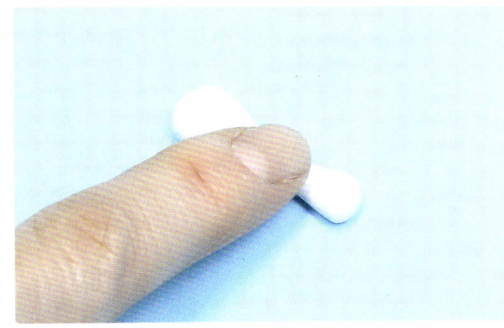
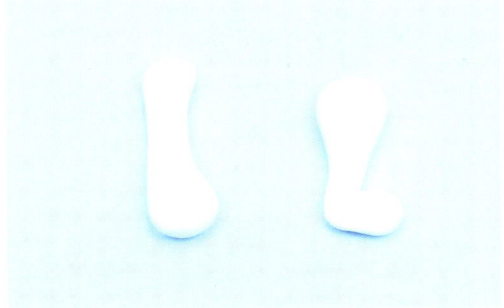

03
뾰족한 도구로 발가락을 표현하여 몸통에 붙이고 콩알크기 흰색을 동그랗게 굴려 뒤쪽의 꼬리를 붙입니다.

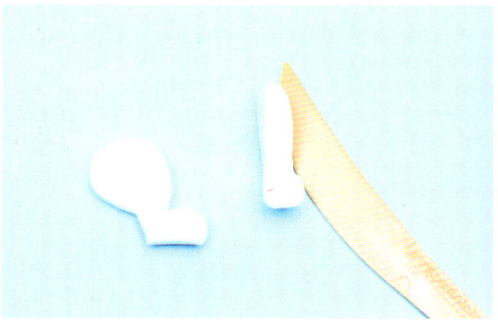

04
흰색을 2등분하여 두 개의 야구방망이 모양을 굴린 다음 구부려 팔을 붙입니다.

05
파랑색을 2등분하여 하나는 동그랗게 굴리고(뾰족 도구를 이용해 마이크 모양을 내줍니다), 하나는 길게 비벼 마이크 손잡이를, 검정색 약간을 비벼 마이크 줄을, 빨강색 약간으로 음표를 만들어 마이크에 붙여서 손안에 붙여줍니다.

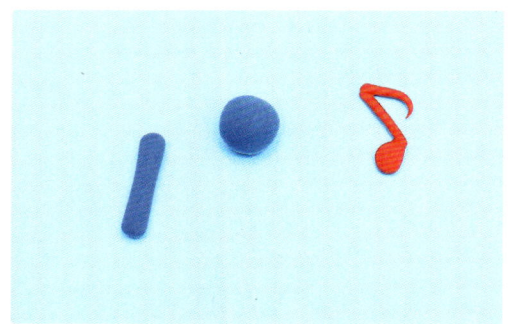
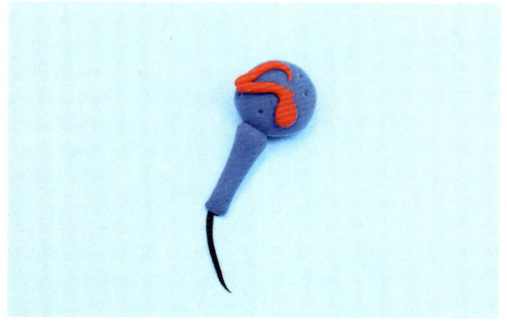

06 흰색을 물방울 모양으로 굴려 엄지손가락으로 이마 부분을 눌러서 얼굴을 만듭니다.

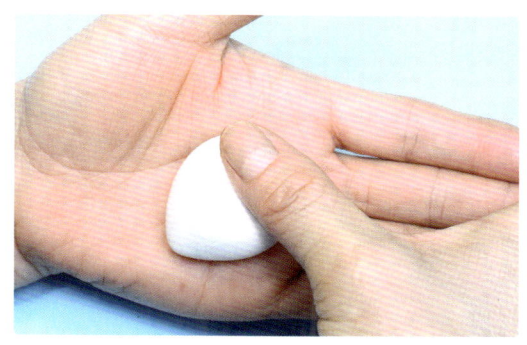

07 둥근 뾰족한 도구로 구멍을 뚫어 입을 만든 다음, 빨강색을 동그랗게 굴려 입안에 넣어 혀를 표현합니다.

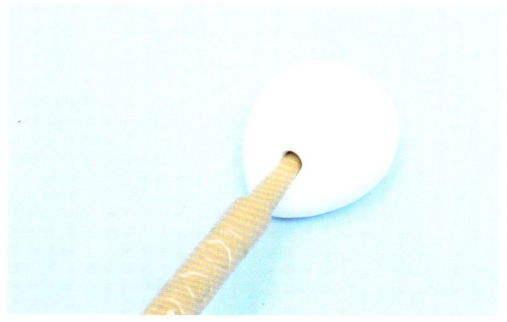 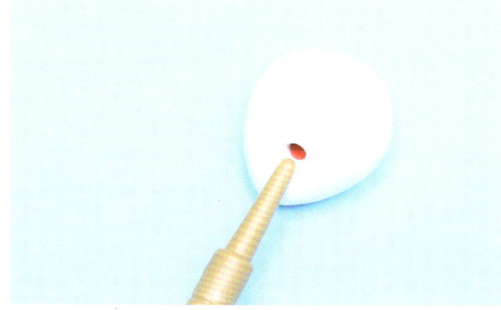

08 톱니도구로 선을 눌러 수염을 표현하고, 빨강색으로 코를 붙입니다.

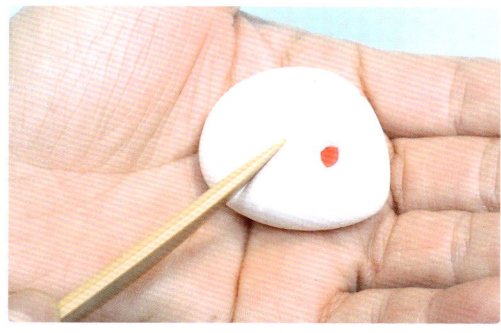 

09 흰색을 2등분하여 동그랗게 굴린 후 눈을 붙이고, 검정색을 가늘게 비벼 눈썹을 붙입니다.

10 흰색을 2등분하여 물방울 모양으로 굴리고, 노란색을 물방울 모양으로 굴려 흰색 위에 붙여 귀를 붙입니다.

11 빨강색을 2등분하여 물방울 모양으로 굴려 리본을 붙여 완성합니다.

Wing Wing clay

02 · 강아지 만들기

강아지는 살갗에 땀샘이 없기 때문에 혀를 내밀어 침을 흘리는데 이는 몸의 온도 조절을 하기 위해서랍니다. 저금통에 붙일 강아지를 만들기 위해 엎드린 자세의 모양에 중점을 두고 만들어 보세요.

난이도 | ★★★☆☆

+ 윙윙클레이 준비물 +

- **점토**: 노란색(폼클레이) 1/2,
  빨강색(폼클레이) 1/4→저금통
  흰색 1/8→스누피의 몸
  흰색 1/30→다리
  흰색 1/50→팔(앞다리)
  흰색 콩알크기→꼬리
  흰색 1/16→얼굴
  노란색 1/50, 검정색 콩알크기,
  빨강색 콩알 2개 크기→귀, 몸의 무늬
  검정색 조금→눈, 코

* 점토의 양은 한 봉지(50g)을 기준으로 하여 등분한 양입니다.

- **도구 및 부재료**: 오조도구, 원목 저금통

Wing Wing Clay : How to make

01 노란색(폼클레이)과 빨강색(폼클레이)을 원목저금통에 골고루 펴서 붙입니다.

02 흰색을 긴 물방울 모양으로 굴려서 손바닥으로 납작하게 눌러 몸통을 만듭니다.

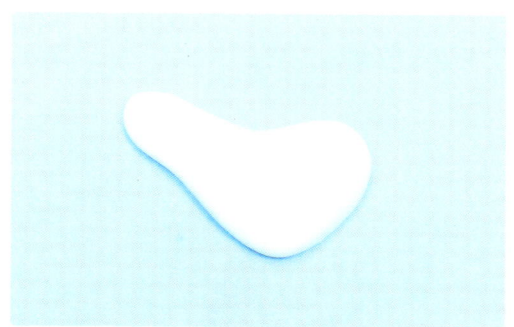

03 흰색을 야구방망이 모양으로 굴려 'ㄴ' 모양으로 발모양을 만들고, 다시 구부려서 다리를 붙인 다음, 도구로 발가락을 표현합니다.

04 흰색을 야구방망이 모양으로 굴려 팔을 붙이고, 콩알크기를 물방울로 굴려 꼬리를 붙입니다.

05

흰색을 긴 물방울 모양으로 굴려 02의 몸통 만드는 것과 같은 방법으로 얼굴을 붙이고, 노란색, 빨강색, 검정색을 혼합하여 갈색을 내어, 물방울 모양으로 굴려 귀를 붙입니다. 이때, 갈색을 콩알크기 양을 남겨 몸의 무늬를 붙입니다.

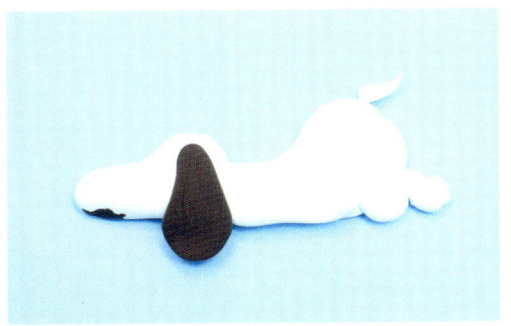 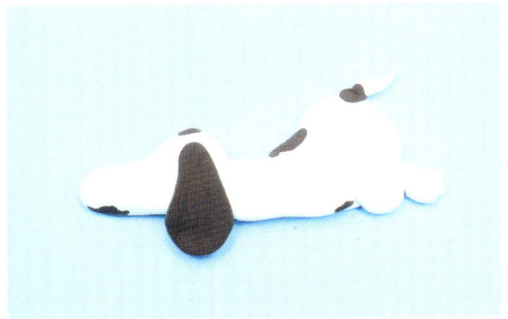

06

검정색으로 코와 눈을 붙여 완성합니다.

wing wing clay ★

생쥐 만들기

+ 윙윙클레이 준비물 +

- **점토**: 노란색 1/10 = 얼굴
  노란색 1/50, 빨강색 콩알 2개 크기 = 귀
  검정색 콩알크기 = 코, 수염
  검정색 콩알 2개 크기, 흰색 약간 = 눈, 안경
- **도구 및 부재료**: 오조도구, 조각도, 열쇠고리 9핀

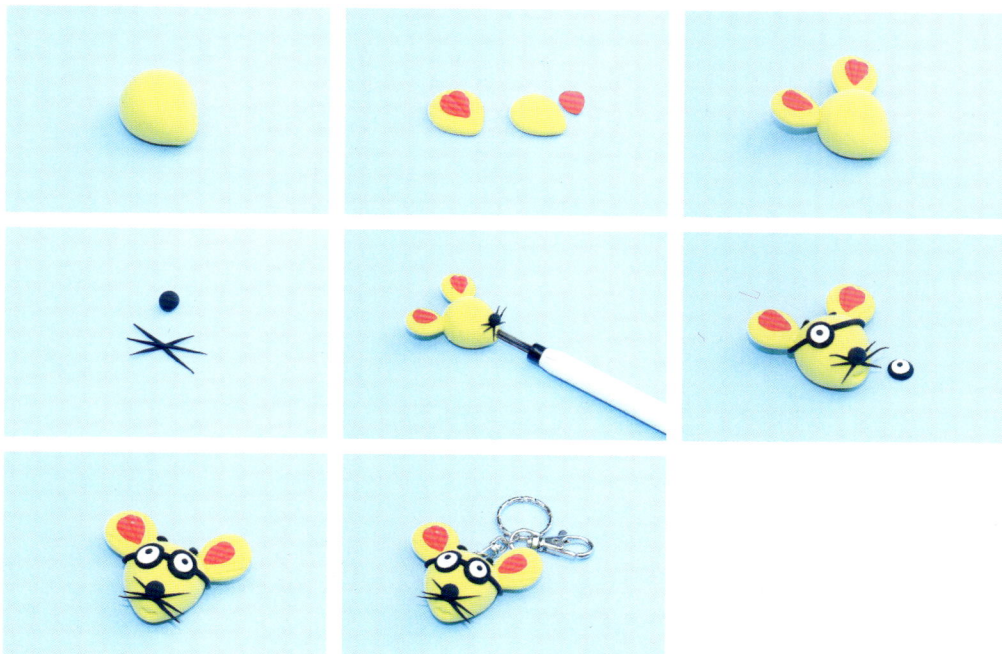

❶ 물방울 모양으로 굴려 얼굴을 만듭니다.

❷ 노란색을 2개 물방울로 굴리고, 빨강색을 2개의 물방울로 굴려 노란색 위에 빨강색을 얹어 납작하게 누른 후 도구로 선을 넣어 귀를 붙입니다.

❸ 검정색으로 수염과 코를 붙이고 조각도 "V"자로 입을 찍어줍니다.

❹ 검정색과 흰색으로 눈과 안경을 만들어 완성합니다.

장승만들기

장승은 마을입구나 길가에 세운 험악한 얼굴을 한 사람모양의 목상이나 석상으로
우리나라에서는 어디를 가나 쉽게 볼 수 있습니다.
남자는 하늘의 장군인 천하대장군, 여자는 땅의 장군인 지하여장군이라고 하는데,
장승의 의미는 마을의 안녕과 질병예방, 마을의 방향, 마을의 입구 등을 나타냅니다.
장승의 제작재료는 주로 소나무, 밤나무, 화강암, 현무암(제주도) 등으로 만듭니다.

천하대장군 만들기 90

지하여장군 만들기 94

Wing Wing clay

01 · 천하대장군 만들기

하늘의 대장군 천하대장군을 만들어 보세요. 나뭇결이 잘 나도록 색 배합시 반 혼합에 유의하여 만듭니다.

난이도 | ★★★☆☆

✚ 윙윙클레이 준비물 ✚

- **점토**: 빨강색1/4, 검정색1/4→장승
  검정1/16→장승 반 혼합용
  검정색1/16, 노란색 약간→머리 갓
  빨강/150, 1/50→귀, 코

  검정색 콩알 크기→장승의 글자
  흰색1/16→장승의 글자 바탕
  흰색, 빨강색 약간→치아, 입술
  흰색 콩알 크기, 검정색 약간→눈

*점토의 양은 한 봉지(50g)을 기준으로 하여 등분한 양입니다.

- **도구 및 부재료**: 오조도구

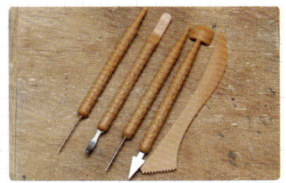

- **유의 및 중점**: 나뭇결이 잘 나오도록 색 배합시 반 혼합에 유의합니다.

Wing Wing Clay : **How to make**

01 빨강색, 검정색을 혼합하여 고동색을 냅니다. 만들어진 고동색에 검정색을 반 혼합하여 원기둥으로 굴린 후 2등분하여 대장군과 여장군으로 나눕니다.

02 대장군 1/3지점에 검지로 앞뒤로 서너 번 굴려 몸과 머리를 구분합니다.

03 흰색을 원기둥으로 굴려 얇게 눌러 글자 바탕부분을 붙입니다.

04 검정색을 가늘고 길게 비벼서 글자를 표현합니다.

05 빨강색, 검정색을 혼합하여 고동색을 내고 4등분하여 1/4의 양은 물방울로 굴려서 코를 붙이고 뾰족 도구를 이용하여 콧구멍을 만들어줍니다.
이때 남은 3/4양은 장승의 귀만들기 양입니다.

06 05의 고동색 나머지 양을 2등분하여 타원형으로 굴려서 귀를 붙이고, 둥근 뾰족 도구로 얼굴쪽으로 귀의 중간 부분을 눌러줍니다.

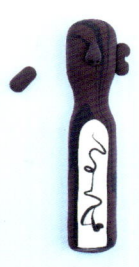

07 흰색과 검정색으로 눈을 붙이고, 흰색을 타원형으로 굴려 치아 부분을 붙인 다음, 도구로 선을 눌러 줍니다.

08 빨강색을 가늘고 길게 굴려 입술을 붙여줍니다.

09 검정색을 3등분하여 1/3을 동그랗게 굴려 납작하게 눌러 반으로 잘라 머리에 씌워줍니다.

10 09에서 남은 2/3의 양 중 1/3의 검정색을 양쪽 물방울 모양으로 굴린 다음 머리 갓을 붙입니다.

11 09, 10에서 쓰고 남은 나머지양을 한데 뭉쳐 2등분한 다음, 물방울 모양으로 굴려서 양쪽 갓을 붙이고, 노란색 약간을 이마부분에 붙여 완성합니다.

Wing Wing clay

02. 지하여장군 만들기

지하여장군은 천하대장군을 만들 때 남은 부분을 이용하여 만들어 한 쌍을 이룹니다.
지하여장군은 족두리와 비녀 만들 때를 유념하세요.

난이도 | ★☆☆☆☆

+ 윙윙클레이 준비물 +

- **점토**: 검정색 1/40→머리
  빨강색 1/50, 검정색 1/50→귀, 코
  파랑색, 노란색 약간, 흰색 콩알크기→비녀
  검정색 콩알크기→장승의 글자

  흰색 1/16→장승의 글자 바탕
  흰색, 빨강색 약간→치아, 입술
  흰색 콩알크기, 검정색 약간→눈
  빨강색 1/50, 파랑색, 노란색 약간→족두리

- **도구 및 부재료**: 오조도구

* 점토의 양은 한 봉지(50g)을 기준으로 하여 등분한 양입니다.

Wing Wing Clay : How to make

01 천하대장군을 만들고 남은 여장군의 1/3지점을 앞뒤로 서너 번 굴려(검지를 이용하여) 몸과 머리를 구분합니다.

02 흰색을 원기둥으로 굴려 얇게 눌러 글자 바탕부분을 붙입니다.

03 검정색을 가늘고 길게 비벼 글자를 표현합니다.

04 빨강색, 검정색을 혼합하여 고동색을 내고 4등분하여 1/4의 양은 물방울로 굴려서 코를 붙이고 뾰족 도구로 콧구멍을 만들어 줍니다. 3/4의 양을 2등분하여 타원형으로 굴려서 귀를 붙이고, 둥근 뾰족 도구로 귀의 중간 부분을 눌러 줍니다. 흰색과 검정으로 눈을 붙입니다. 이때 흰눈동자는 물방울 모양입니다.

05 흰색을 타원형으로 굴려 붙이고, 오조도구로 치아를 표현합니다. 빨강색을 가늘고 길게 굴려 입술을 붙입니다. 검정색을 2등분하여 물방울 모양으로 만들어 머리를 붙이고, 도구로 눌러 머리카락을 표현합니다.

06 파랑, 노란색, 흰색을 혼합하여 옥색을 내고, 가늘고 길게 굴려 비녀를 만듭니다.

07 빨강색, 노란색, 파랑색 약간을 각각 물방울 모양으로 굴려 이마 윗부분에 붙입니다. 빨강색을 동그랗게 굴린 다음 다듬어서 족두리로 붙인 다음, 약간의 노란색을 동그랗게 굴려 족두리 위에 붙여 완성합니다.

wing wing clay ★

토끼 가면 만들기

+ 윙윙클레이 준비물 +

- **점토**: 흰색(폼클레이) 1/2 = 토끼
  파랑색 1/10 = 귀 안, 수염
  파랑색 1/50 = 눈
  빨강색 1/50 = 코
  흰색 콩알 2개 크기 = 이빨

- **도구 및 부재료**: 가면

* 흰색(폼클레이)을 골고루 붙이는 것에 중점을 둡니다.

| 가면 무도회의 유래 |

예전에 귀족들이 매일 같이 모여 무도회를 여는데 언제나 그 얼굴이 같은 얼굴이라 생각하여 가면을 쓰면 신선한 파티를 즐길 수 있겠구나 하는 생각에 만들었다고 합니다. 가면의 명산지는 베니스로 아직까지 유명합니다.

❶ 흰색(폼클레이)를 골고루 펴 준비된 가면에 붙입니다.
❷ 파랑색을 긴 물방울로 굴려 귀 안에 붙입니다.
❸ 파랑색을 가늘게 비벼 수염을 붙입니다.
❹ 파랑색을 가늘게 밀어 눈을 붙입니다.
❺ 흰색으로 이빨을 붙여 완성합니다.

계절 꽃 만들기

꽃은 저마다 아름다운 향과 고운 빛깔, 모양새를 가지고 있습니다.
산과 들, 집안에 피는 꽃들도 계절마다 다릅니다.

- 봄: 개나리, 진달래, 목련, 민들레, 제비꽃, 튤립, 팬지, 카네이션 등
- 여름: 장미, 해바라기, 나팔꽃, 봉숭아, 채송화, 백합 등
- 가을: 금잔화, 국화, 코스모스, 맨드라미 등
- 겨울: 겨울 동백꽃, 안투리움(안스리움), 프리물러, 시클라멘, 군자란 등

튤립 만들기 100

해바라기 만들기 105

국화꽃 만들기 112

카네이션 만들기 102

동백꽃 만들기 108

코스모스 만들기 115

동백꽃 만들기 118

Wing Wing Clay

01 튤립 만들기

가을에 심고 4-5월에 피는 튤립은 남동 유럽과 중앙아시아 원산으로 백합과에 속하는 꽃입니다.
튤립을 만들 때는 잎과 줄기 색 배합시 반 혼합에 중점을 두어 만듭니다.

난이도 | ★☆☆☆☆

+ 윙윙클레이 준비물 +

- **점토**: 빨강색 1/8 → 꽃
  파랑색 1/16, 노란색 1/16, 노란색 약간 → 줄기, 잎

* 점토의 양은 한 봉지(50g)을 기준으로 하여 등분한 양입니다.

- **도구 및 부재료**: 오조도구, 나무액자

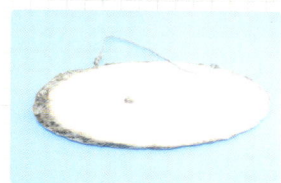

Wing Wing Clay : How to make

01 빨강색을 3등분 한 다음 물방울 모양으로 굴려 꽃잎을 붙입니다.

02 노란색, 파랑색 혼합하여 초록색을 낸 다음 노란색을 약간 넣어 반 혼합합니다. 반 혼합한 것을 3등분하여 1/3은 길게 밀어 줄기로 붙입니다.

03 02의 나머지 양을 2등분하여 긴 물방울 모양으로 굴린 후 납작하게 눌러 잎맥을 긋고 잎을 붙입니다. 흰색을 물방울모양으로 굴린 후 완성합니다.

wing wing clay

02 카네이션 만들기

카네이션의 꽃말은 빨강색_건강을 비는 사랑, 분홍_당신을 열애합니다, 흰색_죽은 어버이를 슬퍼하는 뜻으로 주로 어버이날에 부모님께 감사하는 뜻으로 달아주기도 합니다. 5월이 오면 카네이션을 만들어 부모님 은혜에 감사하는 뜻으로 달아드리세요. 카네이션은 꽃잎 붙이기에 유의하며 만드세요.

난이도 | ★★★☆☆

✤ 윙윙클레이 준비물 ✤

- **점토:** 빨강색 1/5→꽃
  파랑색, 노란색 각각 콩알크기→꽃받침
  (점토의 양을 카네이션크기에 따라 달리 할 수 있습니다.)

- **도구 및 부재료:** 오조도구, 조화꽃대, 꽃병, 바구니

* 점토의 양은 한 봉지(50g)을 기준으로 하여 등분한 양입니다.

Wing Wing Clay : How to make

01 빨강색을 콩알크기 양으로 떼어 긴원기둥 모양으로 손가락 길이만큼 굴려 밀대로 얇게 민 다음, 톱니 도구로 살짝 눌러 긁어줍니다.

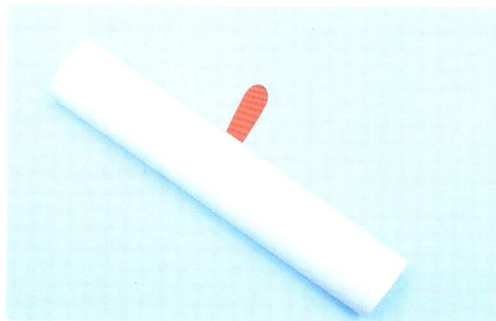
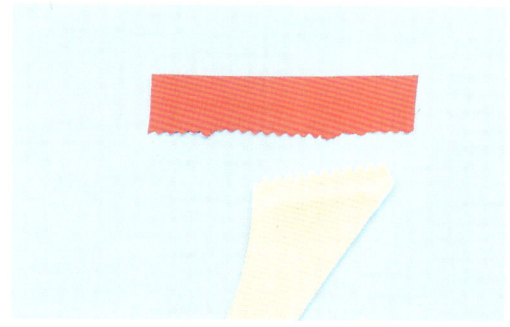

02 나머지 빨강색을 양을 조금씩 많게 하여, 4~5개 정도 원기둥 모양으로 굴린 다음, 밀대로 얇게 밀어 톱니도구로 살짝 눌러 긁어 꽃잎을 준비합니다.

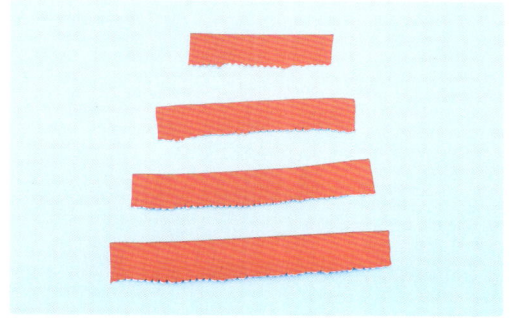

카네이션 만들기 • 103

03
02의 꽃잎을 주름잡기하여 톱니무늬가 안쪽을 향하게 말아줍니다.

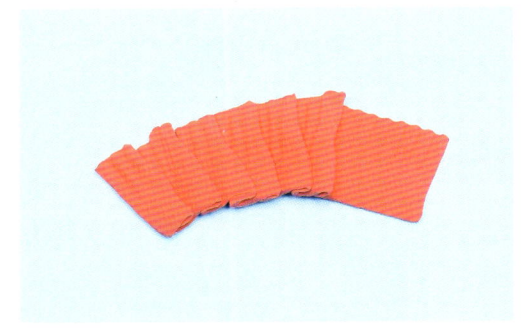

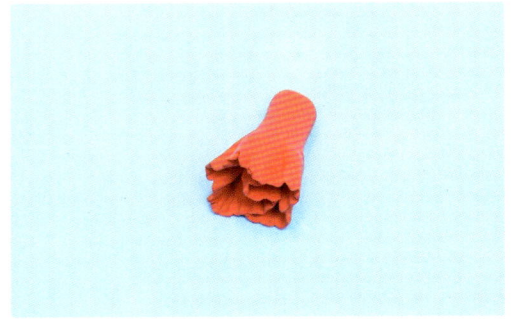

04
02의 준비된 꽃잎을 주름잡아 여러 겹 붙여 카네이션 꽃을 완성합니다.

05
파랑색 노란색을 혼합하여 초록색을 내고, 4등분하여 4개의 물방울 모양을 만들어 꽃받침을 붙여 완성합니다.

Wing Wing clay

03 해바라기 만들기

해바라기의 원산지는 중앙아메리카이고, 페루의 국화인 해바라기는 우리나라에서는 중국 이름인 "향일규"를 번역한 것으로 해를 따라 도는 것으로 오인한 데서 붙여진 이름입니다. 해바라기를 만들 때는 꽃잎을 교차해 가면서 붙여야 예뻐요.

난이도 | ★★☆☆☆

✛ 윙윙클레이 준비물 ✛

- **점토**: 노란색 1/8→꽃잎
  빨강색 1/50, 검정색 1/50, 파랑색, 노란색 약간→씨앗부분
  노란색 1/50, 파랑색 1/40→줄기, 잎
  흰색, 빨강색 약간→입, 볼 연지

- **도구 및 부재료**: 오조도구

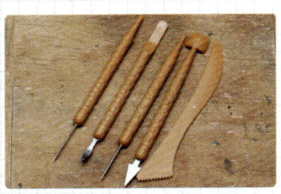

*점토의 양은 한 봉지(50g)을 기준으로 하여 등분한 양입니다.

Wing Wing Clay : How to make

01 노란색을 12등분 한 다음 물방울 모양으로 굴리고, 도구로 꽃잎에 3번의 선을 넣어 줍니다.

02 노란색을 가늘게 비벼 동그랗게 연결해 링을 만들고, 그 위에 꽃잎을 교차해 가며 붙입니다.

03 빨강과 검정색을 혼합하여 고동색을 내고, 노란색과 파랑색을 혼합하여 초록색을 낸 다음, 고동색과 초록색을 반 혼합하여 도구로 선을 넣어 씨앗부분을 표현합니다.

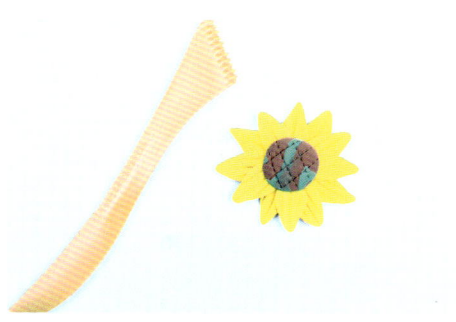

04 노란색과 파랑색을 혼합하여 초록색을 낸 다음, 파랑색과 반 혼합하여 3등분하고 1/3은 길게 굴려 줄기를 만들어 붙입니다.

05 04에서 남은 2/3의 양을 2등분하여 물방울로 굴려 납작하게 누르고 도구로 잎맥을 그어 잎을 붙입니다.

06 흰색과 빨강색을 혼합하여 분홍색을 내어 볼연지를 붙이고, 빨강색을 양쪽 물방울로 굴려 입을 붙여 완성합니다.

Wing Wing clay

04 장미꽃 만들기

장미의 가시는 줄기의 껍질이 변하여 단단한 가시가 되었다고 해요. 정열적인 사랑을 표현하는 장미는 꽃잎 붙이기에 중점을 두어 만들어 보세요.

난이도 | ★★★☆☆

+ 윙윙클레이 준비물 +

• 점토: 빨강1/16→꽃
(점토양은 장미꽃 크기에 따라 달리 할 수 있습니다.)

* 점토의 양은 한 봉지(50g)을 기준으로 하여 등분한 양입니다.

• 도구 및 부재료: 오조도구, 꽃대 조화

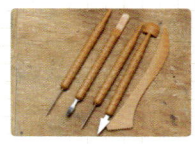 

Wing Wing Clay : **How to make**

01 빨강색을 4등분 합니다.

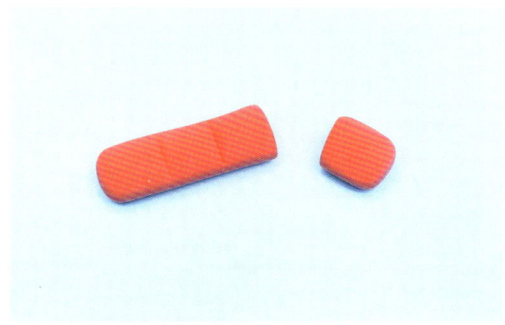

02 01의 1/4양을 다시 반으로 나누어 2개 원기둥 모양을 만들고 납작하게 눌러 주는데, 이때 꽃잎 윗부분은 얇고 아랫부분은 약간 도톰하게 눌러 작은 꽃잎을 만듭니다.

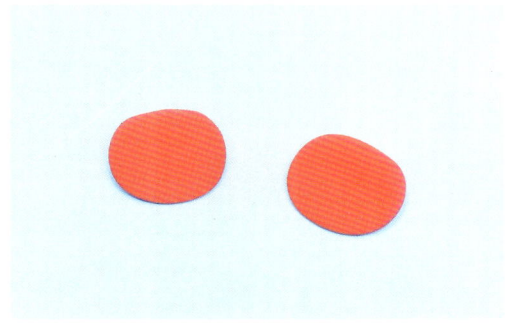

03
남은 3/4양을 3등분하여 3개의 원기둥모양으로 굴려 **02**와 같은 방법으로 3장의 큰 꽃잎을 만듭니다.

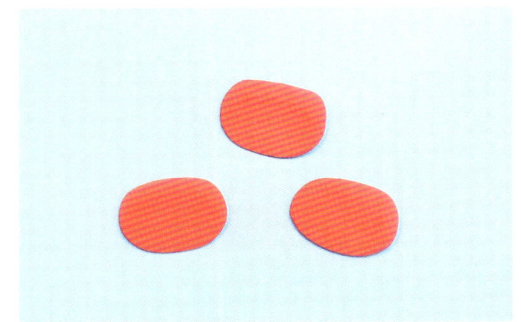

04
2장의 작은 꽃잎과 3장의 큰 꽃잎을 각각 손바닥 안에 얹어 놓고 엄지손가락으로 다시 한 번 눌러 매끄러운 꽃잎으로 만듭니다.

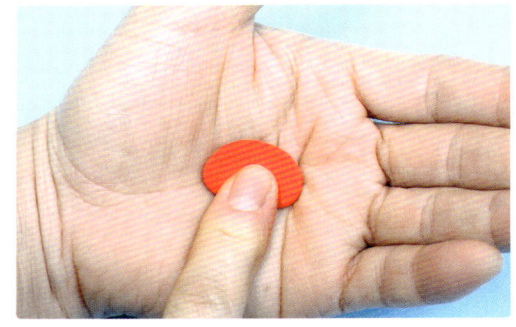

05
작은 꽃잎 2장 중 한 장을 원뿔모양으로 말아 꽃봉오리를 만듭니다. 한 장(**06**)은 꽃잎으로 붙입니다.

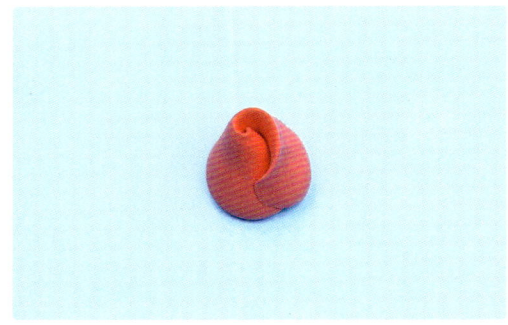

06
남은 작은 꽃잎 한 장을 붙이고, 붙인 꽃잎은 검지로 바깥쪽으로 두 번 눌러 볼륨을 줍니다.

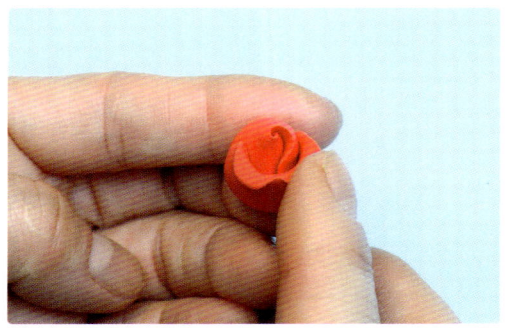 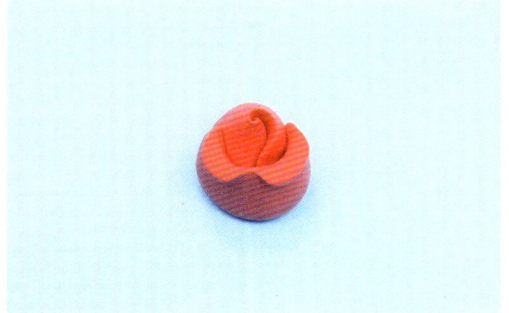

07

큰 꽃잎 3장을 06과 같은 방법으로 붙여 장미꽃을 완성합니다. 1개의 장미꽃을 만드는 과정입니다.

Wing Wing clay

05 · 국화꽃 만들기

국화꽃을 만들 때는 여러 송이를 만들어 토분에 꽂아야 모양이 제대로 납니다. 꽃잎 붙이기에 중점을 두고 가을에 피는 국화꽃을 만들어 보세요.

+ 윙윙클레이 준비물 +

- **점토**: 노란색(폼클레이)→씨앗부분
  노란색 1/30→꽃잎
  (국화꽃의 크기에 따라 점토의 양을 달리 할 수 있습니다.)

* 점토의 양은 한 봉지(50g)을 기준으로 하여 등분한 양입니다.

- **도구 및 부재료**: 오조도구, 조화 꽃대, 미니토분

Wing Wing Clay : How to make

01 노란색 폼클레이를 동그랗게 굴려 씨앗을 만듭니다.

02 꽃잎으로 사용할 노란색을 8등분하여 1/8의 양을 또 다시 8등분합니다. 작은 원기둥 모양으로 굴려 납작하게 눌러 씨앗 부분에 꽃잎을 붙입니다.

국화꽃 만들기 ★ 113

03
02의 7/8의 노란색을 2등분합니다. 등분한 1/2양에서 다시 10등분하여 긴원기둥 모양으로 굴려 납작하게 눌러 바깥 한 줄의 꽃잎을 만들어 붙입니다.

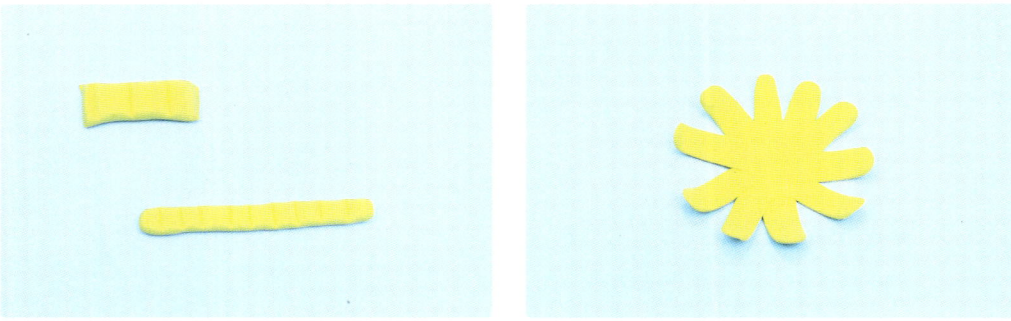

04
03의 나머지 노란색을 10등분하여 긴원기둥 모양으로 굴려 납작하게 눌러 꽃잎을 만들어서 안쪽 한 줄의 꽃잎을 붙이고 꽃잎을 안쪽으로 약간 구부립니다.

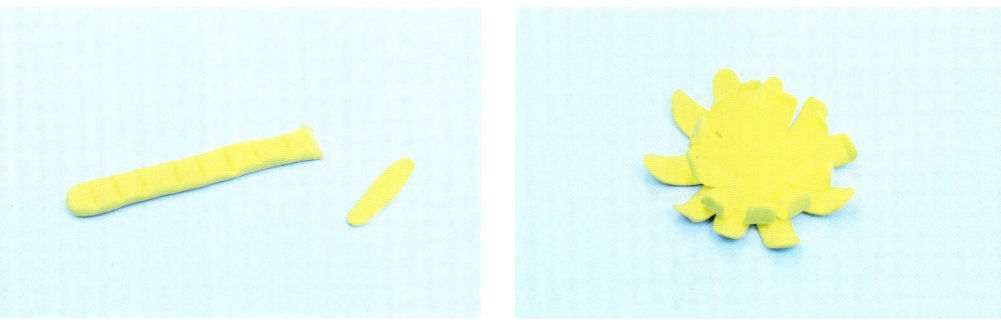

05
02의 만들어진 꽃봉오리를 가운데 붙여 꽃 한 송이를 완성합니다.

Wing Wing clay

06 코스모스 만들기

우주를 뜻하는 그리스어의 코스모스(κόσμος)에서 유래한 이름의 국화과의 한해살이풀로 6-10월 사이에 핀답니다. 꽃잎 만들기에 주름틀을 돕니다.

난이도 | ★★★☆☆

+ 윙윙클레이 준비물 +

- **점토**: 흰색 1/20, 빨강색 콩알크기→꽃잎
  노란색(폼클레이) 콩알크기, 초록색(폼클레이) 약간→씨앗부분

- **도구 및 부재료**: 오조도구, 조화 꽃대

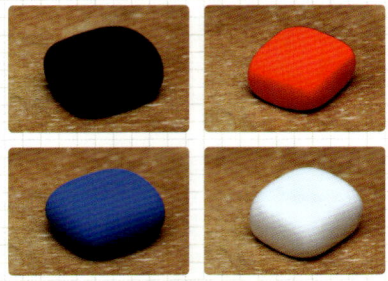
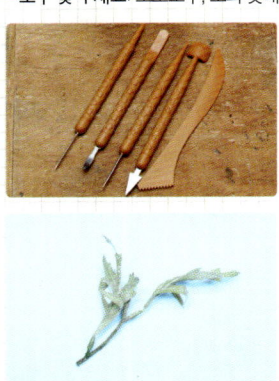

* 점토의 양은 한 봉지(50g)을 기준으로 하여 등분한 양입니다.
* 코스모스는 크기에 따라 점토의 양을 달리할 수 있습니다.

Wing Wing Clay : How to make

01 흰색과 빨강색을 혼합하여 분홍색을 내고, 8~10등분합니다.

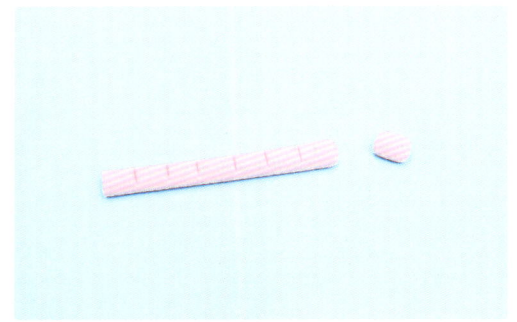

02 등분한 분홍색을 각각 양쪽 물방울모양으로 굴려, 납작하게 누른 다음, 톱니도구로 끝 부분을 잘라냅니다.

03 톱니도구 반대쪽으로 꽃잎에 선을 넣어줍니다.

04 8~10개의 만들어진 꽃잎을 붙인 후, 꽃잎 끝을 안쪽으로 살짝 구부리고, 노란색, 초록색(폼클레이)를 혼합하여 동그랗게 굴려 씨앗을 붙여 꽃을 완성합니다.

05 준비한 조화 꽃대에 꽃을 붙입니다. 여러 꽃을 만들어 화분에 심어 완성합니다.

Wing Wing clay

07. 동백꽃 만들기

따뜻한 지역의 해안이나 산림에서 자라고 겨울에 피는 동백꽃은 남편을 기다리다 죽어 꽃이 된 울릉 설화로도 유명합니다. 꽃잎 붙이기에 유의하여 동백꽃을 만들어 보세요.

난이도 | ★★★★☆

✤ 윙윙클레이 준비물 ✤

- **점토**: 노란색 콩알 크기→꽃수술
  빨강색 1/30→동백꽃
  빨강색 콩알 크기→꽃봉오리
  노란색1/30, 파랑색 1/30, 파랑색 콩알크기→동백나무 잎
  노란색, 파랑색 약간→꽃봉오리 받침
  빨강색 1/30, 검정색 1/30, 검정색 콩알 크기→동백나무

- **도구 및 부재료**: 오조도구, 가위, 밀대, 나무액자

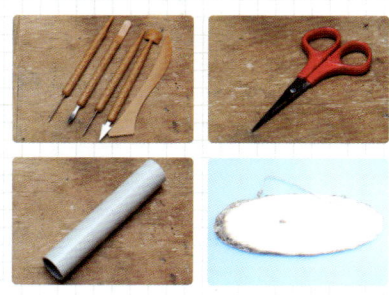

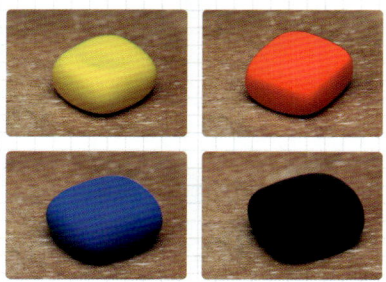

* 점토의 양은 한 봉지(50g)을 기준으로 하여 등분한 양입니다.

Wing Wing Clay : How to make

01 노란색을 원기둥으로 굴려 밀대로 얇게 밀어 8~10회 정도 가위질을 하고, 말아서 꽃 수술을 만듭니다.

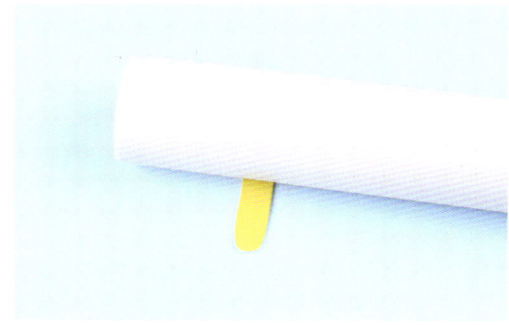

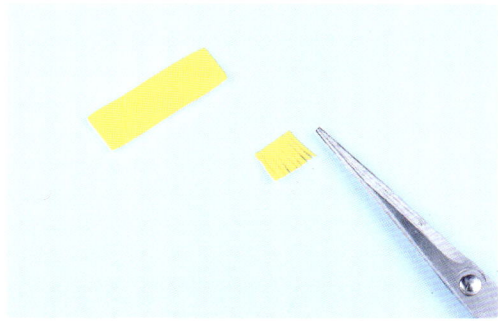

동백꽃 만들기

02 빨강색을 작은 하트 2개와 조금 큰 하트 3개를 만들어 납작하게 눌러 꽃잎을 만듭니다.

03 꽃 수술을 가운데 놓고 작은 꽃잎 두 장은 마주보게 붙이고, 세 장으로 마무리 완성합니다.

04 빨강색을 4등분 한 다음 원기둥으로 굴려 납작하게 눌러 말아서 꽃봉오리를 만듭니다.

05 노란색과 파랑색을 혼합하여 초록색을 내고 물방울 모양으로 굴려 꽃봉오리 받침을 붙입니다.

06 빨강색, 검정색을 혼합하여 고동색을 내고, 검정색을 콩알만큼 넣어 반 혼합합니다. 반 혼합한 것을 길게 굴려 큰 나뭇가지부터 만들고, 잔가지를 붙입니다.

07 노란색과 파랑색을 혼합하여 초록색을 내고, 파랑색을 콩알만큼 넣어 반 혼합하여 크고 작은 물방울을 7개 정도 굴려서 납작하게 눌러 나뭇잎 모양으로 만들고 도구로 잎맥을 그어 나뭇잎을 만듭니다.

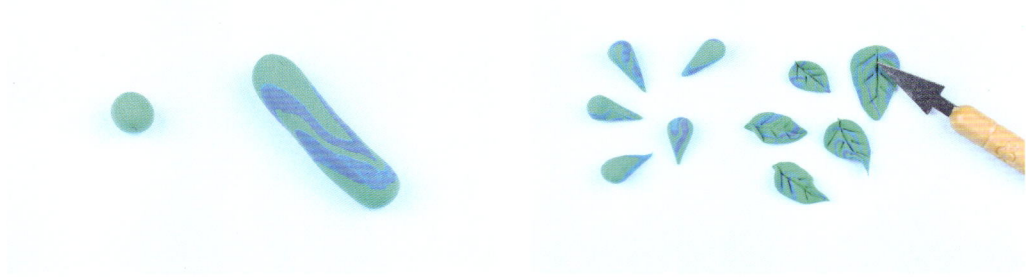

08 꽃과 나뭇잎을 나뭇가지에 붙여 완성합니다.

인류 최초의 자동차는 이탈리아의 화가 레오나르도 다빈치가
1482년에 만든 태엽자동차라고 합니다.
그 후 영국의 와트가 증기기관을 발명하여
교통수단의 획기적인 혁명을 일으키게 되었습니다.
이제 자동차가 필수품이 된 시대에 살고 있는 우리는
항상 안전규칙을 배우고 지켜서 안전수칙을 생활화해야 합니다.

교통표지판: 위험, 어린이보호, 횡단보도, 도로 공사중, 자전거전용도로, 자전거통행금지, 통행금지, 주차장 등

빨간 승용차 만들기 124

트럭 만들기 129

구급차 만들기 130

wing wing clay

01. 빨간 승용차 만들기

국내에 최초로 들여 온 자동차는 1903년 고종 황제 즉위 때 40주년 창경식 전용 '어차'로 들여온 포드A형 리무진이랍니다. 간단한 승용차를 클레이를 이용해 만들어 보세요. 바퀴는 모양이 찌그러지지 않도록 책상에 놓은 상태로 붙입니다.

난이도 | ★☆☆☆☆

+ 윙윙클레이 준비물 +

- 점토: 빨강색 1/4→자동차 몸체
  흰색 1/50→차 유리
  흰색 콩알크기→번호판
  노란색 콩알 두개크기, 검정색 콩알 반쪽 크기 →헤드라이트, 검정색 1/10→바퀴

- 도구 및 부재료: 오조도구

* 점토의 양은 한 봉지(50g)을 기준으로 하여 등분한 양입니다.

Wing Wing Clay : How to make

01 빨강색을 원기둥으로 굴립니다. 원기둥에 앞 뒤 유리 부분을 양쪽 검지로 누릅니다.

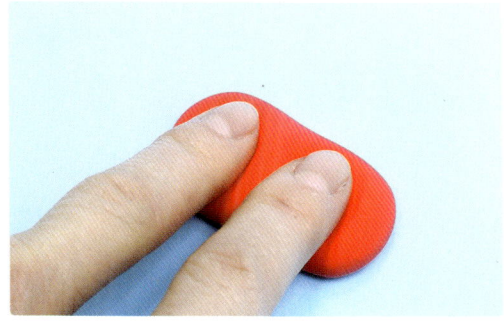

02 흰색을 2등분하고 원기둥으로 굴려 얇게 눌러서 앞, 뒤 유리창을 붙입니다.

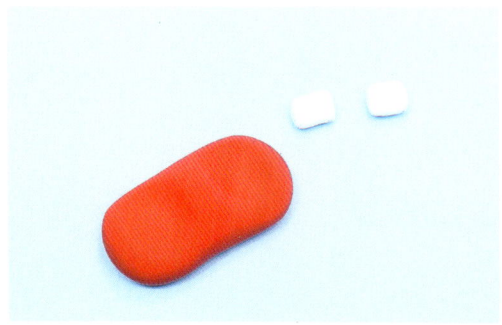

03 노란색과 검정색으로 라이트를 붙입니다. 흰색을 반죽하여 원기둥으로 굴려 번호판을 붙이고 오조도구로 치아 모양으로 눌러 줍니다.

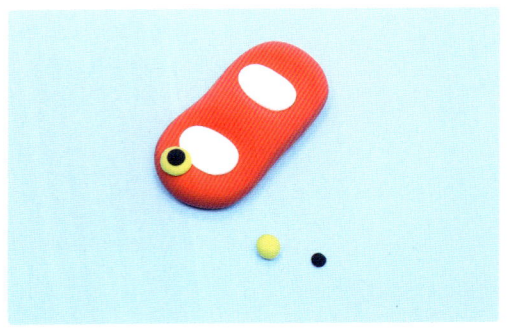

04 검정색을 4등분 하고 동그랗게 굴린 다음 바퀴모양으로 눌러 자동차 몸체를 책상위에 둔 채로 바퀴를 붙이고 뾰족한 도구로 바퀴 중앙을 찔러 완성합니다.

Wing Wing clay

02•트럭 만들기

어린이가 길을 건널 때 지킬 사항은 우선 멈추고 좌우전방을 주시한 후, 반드시 건널목으로 건너고, 무단횡단을 하지 말아야 해요. 길을 건널 때는 차를 계속 보면서 천천히 걷습니다. 앞에서 작은 승용차를 만들어 보았다면 이번에는 큰 트럭을 만들어 보세요. 만들 때 유의점은 바퀴모양이 찌그러지지 않도록 책상에 놓은 상태로 붙입니다.

난이도 | ★★☆☆☆

+ 윙윙클레이 준비물 +

- **점토**: 흰색1/4, 파랑색1/10→트럭 몸체
  흰색 콩알크기→차 유리
  흰색 콩알크기→번호판

  노란색 콩알 두 개 크기, 검정색 콩알 반쪽 크기 → 헤드라이트
  검정색1/10→바퀴

* 점토의 양은 한 봉지 (50g)을 기준으로 하여 등분한 양입니다.

- **도구 및 부재료**: 오조도구

Wing Wing Clay : How to make

01 흰색, 파랑색을 혼합하여 하늘색을 내고 1/3, 2/3로 크기로 2등분하여 두 개의 직사각형 상자모양을 만듭니다.

02 두개의 직사각형을 붙여 트럭 몸체를 만듭니다.

03

흰색을 원기둥으로 굴려 납작하게 누른 다음 앞 유리창을 붙입니다. 흰색을 원기둥으로 굴려 납작하게 누른 다음 번호판을 붙이고 도구로 눌러 번호판을 만듭니다.

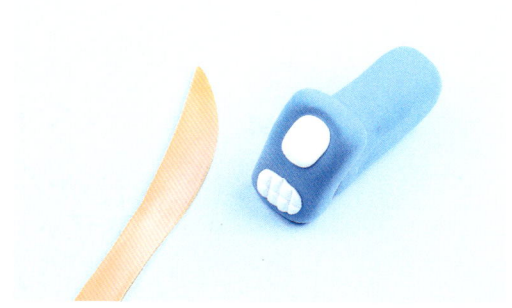

04

노란색을 2등분해서 원기둥으로 굴려 붙이고 검정색도 2등분해서 원기둥으로 굴려 노란색 위에 붙여 라이트를 붙입니다.

05

검정색을 4등분 하고 동그랗게 굴린 다음 바퀴모양으로 누른후, 흰색으로 휠모양을 붙이고, 자동차 몸체를 책상 위에 둔 채로 바퀴를 붙여 완성합니다.

Wing Wing clay

03 구급차 만들기

언제 어디서나 위험에 처하게 되면 119로 전화하세요. 구급차는 사람의 생명이 걸려있는 차로 이 차가 지나가면 잠시 자리를 비켜 빨리 갈 수 있도록 해주어야 해요. 소중한 목숨을 구하는 구급차를 만들어 볼까요. 구급차는 바퀴가 잘 굴러갈 수 있게 잘 다듬어 주어야 해요.

난이도 | ★☆☆☆☆

+ 윙윙클레이 준비물 +

- 점토: 흰색 1/2→구급차
  흰색, 파랑색, 노란색 콩알크기, 검정색 약간→구급차 앞 장식
  빨강색 1/30→구급차 테두리
  파랑색, 노란색 약간→녹십자
  흰색 1/50→차 유리
  빨강색 약간→119
  빨강색, 흰색 콩알크기→구급차 위 장식

- 도구 및 부재료: 오조도구, 차바퀴

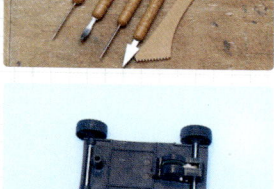

* 점토의 양은 한 봉지(50g)을 기준으로 하여 등분한 양입니다.

Wing Wing Clay : How to make

01 흰색을 사각기둥 모양으로 굴려 바퀴 달린 밑판 크기에 맞게 모서리 부분은 둥글게 다듬어줍니다.

02 빨강색을 길게 굴려 밀대로 밀어서 오조도구로 잘라 구급차 밑 부분 테두리를 붙입니다. 같은 방법으로 흰색을 앞 범퍼를 붙입니다.

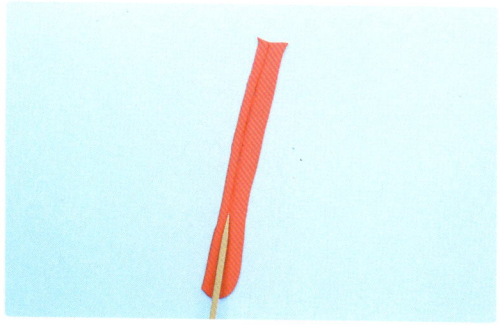

03 파랑색과 노란색을 혼합하여 초록색을 낸 다음, 얇게 밀어 톱니 도구로 잘라 녹십자를 붙이고, 빨강색을 가늘게 비벼 119를 붙입니다. 반대쪽으로 같은 방법으로 붙입니다.

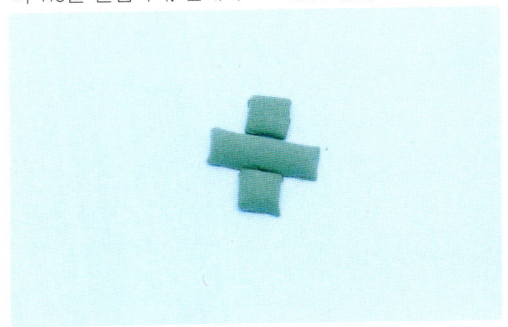
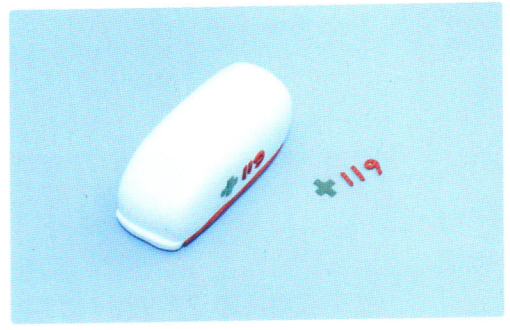

04 뒷사이렌은 흰색을 동그랗게 굴려 납작하게 누르고, 빨강색을 원기둥 모양으로 굴려 얹어 붙입니다. 앞 비상 사이렌은 빨강색을 원기둥으로 굴려 2등분하고, 콩알 크기 흰색을 원기둥으로 굴려 2등분한 빨강색 사이에 끼워 다시 한 번 굴려 붙입니다. 흰색을 원기둥으로 굴려 뒷사이렌 앞에 붙입니다.

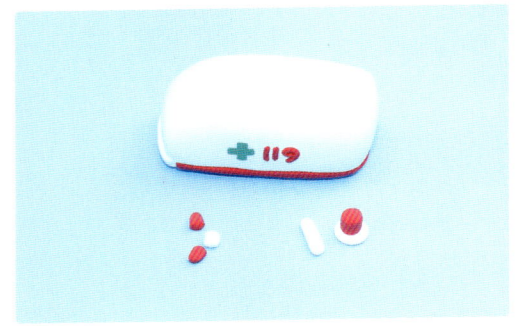

05 흰색을 3등분하여 원기둥 모양으로 굴려 차 유리를 붙이고, 노란색과 검정색, 초록색(노랑+파랑색 약간)을 이용하여 라이트와 번호판을 붙입니다.

06 완성된 구급차를 차 바퀴 위에 얹어 완성합니다.

tip 교통 표지판

우리는 항상 안전규칙을 배우고 지켜서 안전수칙을 생활화해야 합니다.
교통표지판으로는 위험, 어린이보호, 횡단보도, 도로 공사중, 자전거전용도로, 자전거통행금지, 통행금지, 주차장 등이 있습니다.

❶ 위험: 도로교통상 각종 위험이 있을 때 알리는 것이므로 주의해서 다녀야 합니다.

❷ 아동보호: 학교나 유치원 등의 길은 어린이가 자주 다니거나 건너가는 곳이므로 어린이 보호가 특별히 필요한 곳입니다. 차는 어린이들을 주의해야 합니다.

❸ 횡단보도: 횡단보도가 있음을 알리는 것입니다. 보행자는 이 횡단보도를 이용해 도로를 건너야 합니다.

❹ 도로 공사중: 길 가운데나 길가에서 공사나 작업을 하고 있으므로 주의해서 다녀야 합니다.

❺ 자전거 전용도로: 자전거만 다닐 수 있습니다.

❻ 자전거 통행금지: 자전거가 다녀서는 안 됩니다.

❼ 통행금지: 사람도 차도 다녀서는 안 됩니다.

❽ 주차장: 주차장이 있는 곳입니다. 이곳에서 어린이가 놀지 않도록 합니다.

간식 만들기

인스턴트식품의 종류에는
햄, 소시지, 통조림류, 패스트푸드음식(햄버거, 포테이토)등
청량음료, 케이크, 라면, 과자, 사탕, 아이스크림 등이 있습니다.
인스턴트식품은 가공 과정에서 영향이 많이 파괴되기도 합니다.
그래서 우리 몸에 끼치는 영향을 고려해
즐겨 먹기는 하지만 적당히 섭취해야 합니다.

소시지 만들기 136

햄버거 만들기 139

마가렛 쿠키 만들기 142

초코쿠키 만들기 144

Wing Wing clay

01 · 소시지 만들기

소시지의 어원은 라틴어(Salsicius)로부터 유래되었는데요, 소금에 절인다는 뜻이 담겨 있습니다. 간단하게 만들 수 있는 소시지를 꼭지 붙이기에 중점을 두고 만들어 보세요

난이도 | ★☆☆☆☆

+ 윙윙클레이 준비물 +

- **점토**: 흰색1/8, 빨강색 콩알반쪽→소시지
  흰색 콩알크기, 검정색 약간→소시지 꼭지
  빨강색 약간→소시지 줄

* 점토의 양은 한 봉지(50g)을 기준으로 하여 등분한 양입니다.

- **도구 및 부재료**: 오조도구

Wing Wing Clay : How to make

01 흰색, 빨강색을 혼합하여 소시지 색깔을 만듭니다.

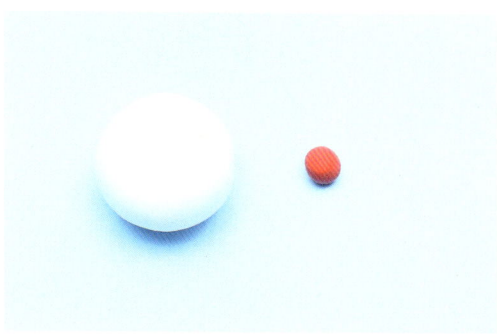

02 만들어진 소시지 색을 2등분하여 길게 원기둥으로 밀어 두 개의 소시지를 만듭니다.

소시지 만들기 ★137

03 빨강색을 가늘고 길게 밀어 소시지 줄을 붙입니다.

04 흰색, 검정색을 혼합하여 회색을 만들어 8등분하고 4개는 소시지 꼭지에 붙이고, 4개는 가늘게 밀어 꼭지테두리를 붙여 완성합니다.

Wing Wing clay

02·햄버거 만들기

패스트푸드의 대명사인 햄버거는 칼로리가 높아 식사대용으로 자주 먹는데요. 고칼로리는 비만의 주된 원인이 되니 자주 먹지는 마세요. 햄버거 만들 때는 빵 색깔 내는데 중점을 주고 만드세요.

난이도 | ★★☆☆☆

+ 윙윙클레이 준비물 +

- 점토: 흰색1/4, 노란색1/10, 빨강색1/30, 검정색 콩알크기→빵
  파랑색1/40, 노란색1/40→야채
  노란색1/16, 빨강색 약간→치즈
  빨강색1/16, 검정색 콩알 두개크기→햄
  검정색 약간→깨

- 도구 및 부재료: 오조도구

* 점토의 양은 한 봉지(50g)을 기준으로 하여 등분한 양입니다.

Wing Wing Clay : How to make

01 흰색, 노란색, 빨강색, 검정색을 혼합하여 빵 색깔을 내고 2등분하여 동그랗게 굴려 납작하게 눌러 빵 모양을 만듭니다.

02 파랑색, 노란색을 혼합하여 초록색 내고, 빵 크기 정도로 네모모양을 만들어 얇게 눌러 주고, 가장자리에 볼륨을 주어 야채를 만듭니다.

03 노란색, 빨강색을 혼합하여 치즈색을 내고, 빵 크기 정도로 네모모양을 만들어 납작하게 눌러 치즈를 만듭니다.

04 빨간색, 검정색을 혼합하여 햄 색을 내고, 빵 크기 정도로 납작하게 동그란 모양으로 만듭니다.

05 빵→야채→치즈→햄→빵 순서로 아래부터 위로 올려 주고 살짝 눌러줍니다.

06 검정색을 물방울 모양으로 굴려 여러 개의 깨를 붙여 완성합니다.

Wing Wing clay

03. 마가렛 쿠키 만들기

아몬드가루가 주는 고소한 맛 때문에 쿠키로 인기 있는 마가렛 쿠키를 만들어 보세요.
쿠키를 만들 때는 수세미를 이용하여 살짝 두들겨 주면 쿠키 느낌을 제대로 표현할 수 있어요.

난이도 | ★☆☆☆☆

✛ 윙윙클레이 준비물 ✛

- **점토**: 흰색 1/10, 노란색 콩알2개 크기, 빨강색 콩알 반쪽 크기→과자

* 점토의 양은 한 봉지(50g)을 기준으로 하여 등분한 양입니다.

- **도구 및 부재료**: 오조도구, 거친 수세미

Wing Wing Clay : How to make

01 흰색, 노란색, 빨강색을 혼합하여 과자 색을 내고, 2등분하여 동그랗게 굴려서 손바닥 위에 올려놓고 살짝 누릅니다.

02 거친 수세미로 살짝 두들겨 주어 과자가 부푼 모양을 표현합니다.

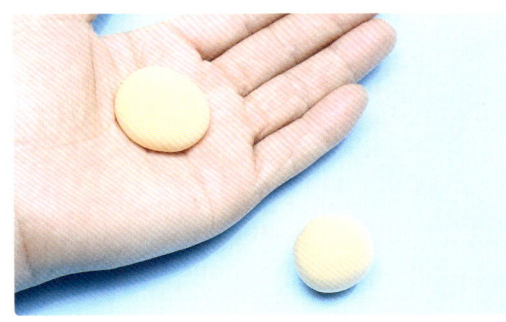 

03 톱니 도구로 선을 넣어 완성합니다.

 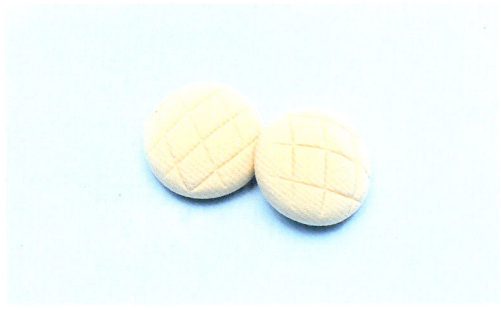

마가렛 쿠키 만들기 ★143

Wing Wing Clay

04. 초코쿠키 만들기

초코렛은 아이들이 좋아하는 음식인데요. 너무 많이 먹으면 이도 썩고 비만해지니 적당히 먹을 수 있도록 지도해 주세요. 초코쿠키를 만들 때는 송곳으로 굵기와 찍기에 중점을 두고 만드세요.

난이도 | ★☆☆☆☆

+ 윙윙클레이 준비물 +

- **점토**: 검정색 1/16, 빨강색 1/16 → 초코과자
  검정색 콩알크기, 빨강색 콩알 반쪽크기 → 진한 초코

* 점토의 양은 한 봉지(50g)을 기준으로 하여 등분한 양입니다.

- **도구 및 부재료**: 오조도구

Wing Wing Clay : How to make

01 검정색과 빨강색을 혼합하여 초코과자 색을 내고, 동그랗게 굴려 바닥에 놓고 호빵처럼 감싸 손바닥으로 눌러줍니다.

02 송곳 도구로 'S'자나 'O'자 형태를 긁거나 찍기를 하고, 뾰족한 도구로 구멍을 냅니다.

초코쿠키 만들기 ◀ 145

03 검정색과 빨강색을 혼합하여 진한 초코 색을 낸 다음, 가늘고 길게 비벼 잘게 잘라서 구멍 낸 곳에 진한 초코를 붙여 완성합니다.

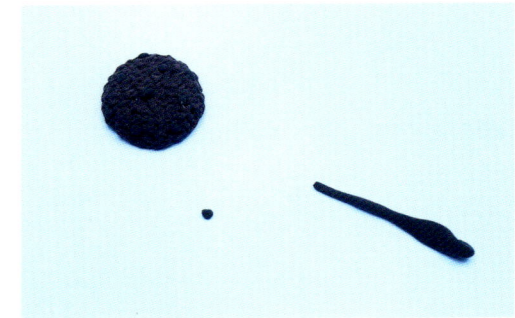

wing wing clay ★

A, B, C 초콜릿 만들기

+ 윙윙클레이 준비물 +

- **점토**: 검정색 1/16, 빨강색 1/16 = 과자
  노란색 약간 = 글씨
- **도구 및 부재료**: 오조도구

❶ 검정색과 빨강색을 혼합하여 과자색을 내고, 3등분하여 정사각형으로 만듭니다.
❷ 노란색을 가늘게 비벼 글씨를 만든 후 정사각형에 붙입니다.

하회탈 만들기

안동하회탈은 우리나라에서 최고 오래된 탈로 국보(121호)이며 제작 연도는 정확히 알 수 없으나 고려 중기쯤 만들어 졌다고 합니다. 하회탈은 총 12개 인데 그중 3개는 유실되어 모양을 알 수가 없고 9개만 내려오고 있습니다.

• 탈의 종류: 백정, 선비, 부네, 중, 각시, 할미, 추랭이, 이매, 양반탈

• 하회탈의 유래

안동에서 허도령이라는 청년이 살고 있었는데, 하루는 꿈에 마을의 수호신이 나타나 탈을 만들라는 계시를 하였는데요. 이에 허도령은 목욕재계를 하고 외인의 출입을 막는 금줄을 치고 탈 제작에 몰두하였어요. 그때 마을에는 허도령을 사모하는 처녀가 있었는데 여러 날을 기다려도 그를 볼 수가 없자, 하루는 허도령의 모습이나마 보고자 금기를 깨고 휘장에 구멍을 뚫고 그를 엿보고 있답니다. 그로 인해 금기가 깨지자 탈 제작에 힘써 입신의 경지에 이른 허도령은 그 자리에서 피를 토하고 죽었으며, 마지막으로 만들던 이매탈은 턱이 없는 미완성의 탈이 되었다고 합니다. 그후 처녀는 번민하다가 죽었는데 마을 사람들은 처녀의 넋을 위로하기 위하여 서낭신으로 모시고, 매년 제사를 지냈다고 합니다.

각시탈 만들기 150

양반탈 만들기 153

이매탈 만들기 157

Wing Wing clay

01· 각시탈 만들기

고된 시집살이를 여실히 보여주는 각시탈은 서낭신의 현신으로 여겨지며, 별신굿에서 무동춤을 춘다고 알려져 있어요. 각시탈을 만들 때는 탈의 얼굴 표정, 눈과 눈썹 등에 중점을 두고 만드세요.

+ 윙윙클레이 준비물 +

• 점토: 노란색1/8→얼굴 빨강색1/20→머리띠
  노란색 콩알크기→코 흰색, 검정색, 빨강색 약간→눈, 눈썹, 입
  검정색1/16→머리

• 도구 및 부재료: 오조도구, 문살액자

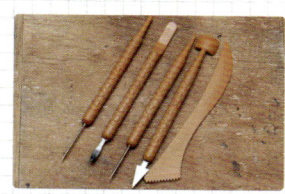

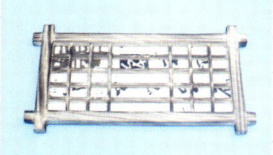

* 점토의 양은 한 봉지(50g)을 기준으로 하여 등분한 양입니다.

Wing Wing Clay : How to make

01 노란색을 타원형으로 굴려 납작하게 눌러줍니다.

02 노란색을 물방울 모양으로 굴려 코를 붙이고 으로 콧구멍을 만듭니다.

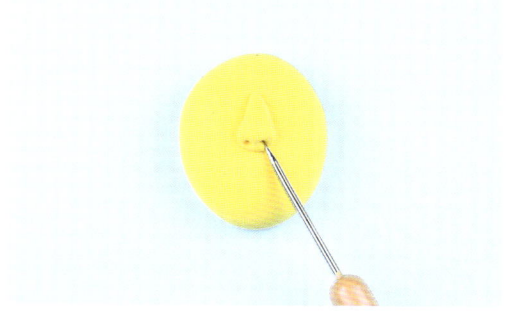

03 흰색을 물방울 모양으로 굴려 끝이 아래쪽을 향하게 눈을 붙이고, 검정색으로 가늘게 비벼 부드러운 표정의 눈동자를 붙입니다.

04
검정색을 눈동자보다 조금 굵고 길게 밀어 눈동자와 같은 방법으로 눈썹을 붙입니다.

05
빨강색을 양쪽 물방울 모양으로 굴려 살짝 눌러 붙인 다음, 도구로 가로 선을 눌러 주어 위아래 입술을 구분하고, 뾰족한도구로 윗입술 중간쯤에서 아랫입술쪽으로 당겨 윗입술을 표현합니다. 빨강색으로 연지곤지를 붙여줍니다.

06
검정색을 길게 굴려 반으로 접어 새끼 꼬기를 하여 머리를 붙입니다.

07
빨강색을 길게 굴려 반으로 접어 새끼 꼬기를 하여 머리띠를 만들어 붙여 완성합니다.

Wing Wing Clay

02 · 양반탈 만들기

양반탈은 하회탈의 대표적인 탈로써 얼굴형이 눈썹과 눈, 코, 입 등의 부드러운 곡선이 양반의 여유로움을 표현합니다. 양반탈을 만들 때는 눈, 코, 입 위치에 유의하여 만들어 보세요.

난이도 | ★★★★☆

+ 윙윙클레이 준비물 +

• 점토: 노란색1/8, 빨강색1/30, 검정색1/50→얼굴
흰색 콩알크기→치아
빨강1/64, 검정1/64→수염, 입술

흰색, 검정색 약간→눈
빨강1/40, 검정색1/50→수염, 입술, 코, 양쪽 볼, 이마 주름살 2개
검정색 콩알크기→이마 주름살 大

• 도구 및 부재료: 오조도구, 조각도

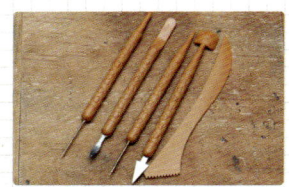

* 점토의 양은 한 봉지(50g)을 기준으로 하여 등분한 양입니다.

Wing Wing Clay : How to make

01 노란색, 빨강색, 검정색을 혼합하여 탈 색을 내고, 물방울 모양으로 굴린 다음, 납작하게 얼굴모양을 만들고 검지로 턱 부분을 살짝 들어 올려줍니다.

02 콩알 크기의 흰색을 타원형으로 만들어 입부분에 붙이고 도구로 눌러 치아를 표현합니다.

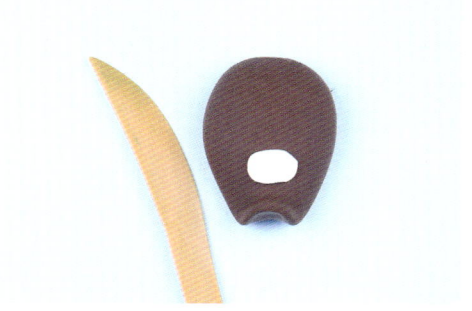

03
빨강색, 검정색 혼합하여 고동색을 내어 6등분하여 1/6의 양을 길게 비벼 수염과 입술을 붙입니다.

04
03의 남은 고동색 6/5의 양 중 1/6의 양을 물방울 모양으로 굴린 다음 코를 붙이고 뾰족한 도구로 두 개의 선을 긋고 콧구멍을 찔러 표현합니다.

05
03의 남은 고동색 6/4양 중 3/6의 양을 2등분하여 물방울 모양으로 굴려 양쪽 볼에 붙이고, 도구로 두 번 눌러 주름을 표현합니다.

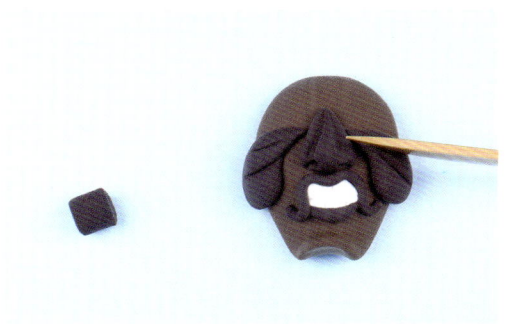

06
흰색과 검정색으로 눈을 부드러운 표정이 되도록 붙여줍니다.

양반탈 만들기

07 검정색을 양쪽 끝이 길게 비벼 갈매기 모양으로 붙이고 도구로 선을 넣어 주름을 표현합니다.

08 03의 나머지 고동색 1/6의 양을 2등분하여 이마의 주름 표현과 머리를 붙여 완성합니다.

Wing Wing clay

03. 이매탈 만들기

허도령이 만든 마지막 탈로써, 이매탈은 완성하지 못하고 급사하여 턱이 없답니다.
하회탈 중 이매탈은 턱 부분을 오려내고 잘 다듬어 주세요.

난이도 | ★☆☆☆☆

+ 윙윙클레이 준비물 +

• 점토: 흰색1/8, 노란색1/30, 빨강색 1/50→얼굴
   노란색 콩알크기→이마주름
   흰색, 검정색 약간→눈

• 도구 및 부재료: 오조도구

*점토의 양은 한 봉지(50g)을 기준으로 하여 등분한 양입니다.

Wing Wing Clay : How to make

01 흰색, 노란색, 빨강색을 혼합하여 살색을 내고, 물방울 모양으로 굴려 납작하게 누른 다음, 턱 부분을 도구로 오려내고 매끄럽게 다듬어 줍니다.

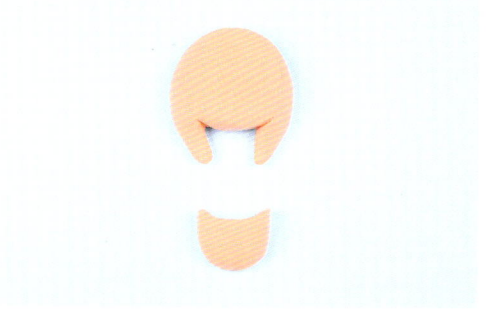

02 오려낸 턱 부분의 양을 3등분하여 1/3의 양을 물방울 모양으로 굴려 코를 붙이고, 뾰족한 도구로 콧등에 두 개의 선을 긋고 콧구멍을 찔러 표현합니다.

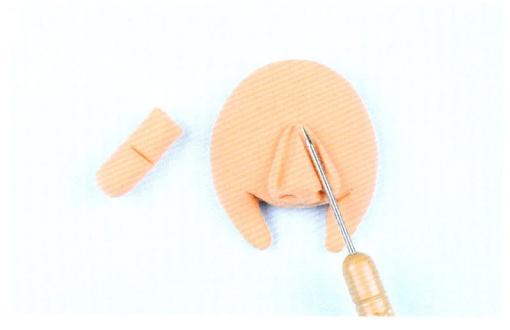

03 02의 남은 2/3의 양을 2등분하여 물방울 모양으로 굴려서 양쪽 볼에 붙이고, 뾰족한 도구로 두 번의 선을 그어 주름을 표현합니다.

04 흰색과 검정색으로 눈을 붙입니다.

05 노란색을 가늘게 비벼 이마에 굵은 주름을 붙이고 도구로 선을 그어 줍니다. 노란색을 가늘게 비벼 작은 주름을 붙여 완성합니다.

동물모양
시계만들기

처음 시계가 나온 것은 해시계인데 인류의 생활이 시작되었을 무렵
이집트에서 태양빛을 이용하여 막대그림자로 시간을 알았다고 합니다.
우리나라는 조선시대에 들어와 세종 16년(1434년)에
장영실이 만든 자격루가 있습니다.

장영실의 자격루

항아리에 물을 가득 담아 선반위에 올려놓고, 항아리 바닥에 구멍을 조금 뚫으면 조금씩 물방울이 떨어지죠.
그 물방울은 선반아래 있는 다른 항아리에 괴지요.
물을 받는 항아리에 수많은 눈금을 그어 그 눈금에 차오르는 물의 부피에 따라
그때그때 시간을 알아낼 수 있습니다.
그러나 정한 눈금에 물이 차오를 때마다 종이나 북을 쳐서 시간을 알려주려면
누군가가 대기하고 있어야 해서 혹 실수로 할 수 있는 불편함이 있었는데요.
더 편리한 시계를 만들기 위해 원시적인 그림자 시계를 과학적으로 설계하여
"앙부일구(보물 845호)"라는 해시계를 만들었고, 지금도 시차역이나 큰 네거리 탑가운데 세워진 탑시계가 시간을 알게 해 주는데
앙부일구가 우리나라 최초의 공중시계라 할 수 있습니다.
그 후 휴대용 해시계인 "현주일구" "정남일구"를 발명한 과학자가 바로 장영실입니다.

Wing Wing Clay

곰모양 시계 만들기

우리나라는 동경 135도의 지방평균시를 표준시로 채택하고 있는데요. 곰모양의 시계를 만들려면 시계알이 있어야겠죠. 곰의 팔과 발을 만들어서 붙일 때 시계알 부분에 닿지 않도록 주의하며 만들어 보세요.

난이도 | ★★★★☆

+ 윙윙클레이 준비물 +

- **점토**: 파랑색1/2→몸
  파랑색1/4→얼굴
  흰색1/16, 파랑색 콩알크기→팔, 꼬리, 귓속
  흰색1/16, 파랑색 콩알크기→발, 입주변
  파랑 콩알크기→귀
  파랑 콩알크기→발바닥의 점
  검정색 약간→눈, 코
  파랑1/4→뒷부분 받침

* 점토의 양은 한 봉지(50g)을 기준으로 하여 등분한 양입니다.

- **도구 및 부재료**: 오조도구, 조각도, 시계, 이쑤시개

Wing Wing Clay : **How to make**

01 파랑색을 길게 굴려 시계알에 둘러 붙이되, 이음선은 시계숫자 7부분 쪽이 되도록 합니다.

02 파랑색을 동그랗게 굴려서 얼굴을 만들고 이쑤시개 반을 잘라 12시 부분에 꽂아 얼굴과 몸을 연결해줍니다.

03 흰색, 파랑색을 혼합하여 하늘색을 내고 콩알 크기 양을 타원형으로 굴려 납작하게 눌러 입 주위를 붙입니다.

04 03의 나머지 하늘색을 2등분하여 물방울 모양으로 굴려 발을 붙이는데, 오른발은 숫자 7과 8사이에 붙이고, 왼발은 숫자 4와 5사이 부분에 붙입니다. 파랑색을 크고 작게 8등분하여 동그랗게 굴려 발바닥의 점을 붙입니다.

곰모양 시계 만들기

05
검정색으로 눈과 코를 붙이고, 조각도 U자로 입을 눌러 표현합니다.

06
흰색과 파랑색을 혼합하여 하늘색을 내고, 콩알 크기 양은 남겨놓고, 2등분하여 야구방망이 모양으로 굴린 다음, 팔을 붙입니다. 도구로 손가락을 표현하고, 남겨놓은 콩알 크기 하늘색에서 콩알 반쪽 크기를 남기고, 약간을 물방울 모양으로 굴려 꼬리를 붙입니다.

07
파랑색을 동그랗게 굴려 납작하게 누른 다음, 도구로 반을 잘라 반달 모양을 만듭니다. 06의 남겨놓은 하늘색도 파랑색과 같은 방법으로 하여, 파랑색에 겹치게 하여 귀를 붙입니다.

08
파랑색을 원기둥으로 굴린 다음, 반으로 잘라 뒷부분 받침으로 붙여 완성합니다.

tip 시계의 유래

시계는 영어의 Clock이 '종' 이라는 뜻의 라틴어 어원으로 수도원에서 '종' 을 쳐서 시간을 알리는 데서 유래되었습니다.

시각과 시간의 구별법은?

시각은 곳에 따라 다르며, 한 지점이 정오일 때 거기서 약간 떨어진 곳에서는 정오가 채 되지 못하거나 지나가 버립니다. 그래서 정도 15마다 1시간씩 표준시를 정해서 사용합니다. 전 세계의 기각계산은 '영국의 구 그리니치 천문대' 를 지나는 '자오선' 에 표준을 잡고 있습니다. 우리나라는 동경 135도의 표준시를 사용하고 있습니다.

* 시각 : 시간의 어느 한 시점, 시간, 짧은 시간
  1. 해 뜨는 시각. 자정이 넘는 시각.
  2. 약속한 시각에 맞추어 약속 장소에 나가다.

* 시간 : 시각과 시각의 사이 어떤 행동을 할 틈. 어떤 행동을 하기로 정하여진 동안.
  1. 영화를 보면서 시간을 보내다.
  2. 이 일은 생각보다 시간이 많이 걸린다.
  3. 취침시간.

우리나라의 시계

* **양부일구(오목해 시계)**

  보물 제 845호로 지정된 이 시계는 서울 종로 창덕궁에 소재하고 있으며, 조선 시대(세종16년 1434) 장영실, 이찬, 김 조 등이 왕명으로 만든 시계입니다. 24절기의 변화를 알 수 있고, 북극을 향해 비스듬하게 세워 놓은 시침은 그림자가 닿은 선을 보고 시각을 읽을 수 있습니다. 오목한 해시계 안 쪽에 그려진 가로선과 세로선은 각각 절기와 시간을 나타냅니다.

* **간평일구**

  보물 제 841호로 서울 동대문에 소재하고 있으며, 조선 시대에 제작되었습니다. 그림자가 시간에 따라 움직이는 것을 이용했고, 또한 각 절기마다 태양의 고도에 따라 그림자의 길이가 달라지는 것을 이용하였습니다. 이러한 해시계를 통해 글을 모르는 백성들도 시간을 알 수 있었습니다. 세종대왕기념관에 소장되었습니다.

* **자격루(물시계)**

  1441년(세종16년) 왕명으로 장영실, 김조, 이천 등이 제작하였으며 좁은 구멍을 통하여 물이 일정한 속도로 그릇에 떨어지게 하여 고이는 물의 분량이나 줄어든 물의 분량을 헤아려서 시간을 재는 시계.

동물모양 온도계만들기

온도계의 원리
온도계에 수은이나 알코올이 들어 있는데 이것이 열을 받으면 부피가 늘어나서 점점 올라가 온도를 표시하는 것입니다.

섭씨와 화씨의 유래
- 섭씨(℃)-스웨덴의 물리학자인 안데르스 셀시우스(Celsius)라는 사람이 1기압에 물의 어는 점을 0℃로, 끓는점을 100℃로 하여 그 사이를 100등분 한 온도입니다. 섭씨는 10진법을 기준으로 만들어진 것이라서 사용하기 편합니다. 따라서 국제 기준으로 사용하고 있습니다.

- 화씨(℉)-독일의 물리학자인 가브리엘 파렌하이트(Fahrenheit)라는 사람이 1기압에서 물이 어는점을 32°로 끓는점을 212초 삼았습니다. 화씨 눈금은 미국, 영국 등 앵글로 색슨 사회에서 일상생활의 온도 표시에 사용합니다.

온도계 다루는 법
1. 똑바로 본다.
2. 손으로 알콜이나 수은이 있는 부위를 만지지 않는다.
3. 입김이 닿으면 안 된다.
4. 바람이 잘 통하는 응달에 건다.

Wing Wing Clay

돼지모양 온도계 만들기

돼지모양의 온도계를 만들 때는 사과색깔(자연스럽게 번지는 기법)을 할 때 빨강색과
노란색을 접어서 얇게 누르는 것을 반복하는 것에 유의합니다.

난이도 | ★☆☆☆☆

+ 윙윙클레이 준비물 +

- **점토:** 노란색1/2→몸
  노란색1/4→얼굴
  노란색1/30→코
  노란색1/30→귀
  노란색1/8→앞다리
  노란색1/8→뒷다리
  노란색 콩알 반쪽크기→꼬리
  빨강색, 흰색, 검정색 약간→눈, 볼연지
  빨강색, 노란색, 파랑 각각 콩알 크기→사과, 잎

- **도구 및 부재료:**
  오조도구, 조각도, 온도계, 끈

*점토의 양은 한 봉지(50g)을 기준으로 하여 등분한 양입니다.

Wing Wing Clay : How to make

01 노란색을 가늘고 길게 비벼 온도계에 둘러 붙입니다.

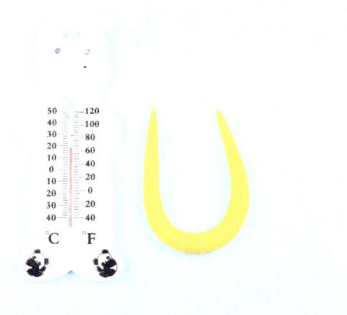

02 노란색을 타원형으로 굴려 얼굴을 붙입니다.

03 노란색을 타원형으로 굴려 코를 붙이고, 둥근 뾰족 도구로 찔러 콧구멍을 표현합니다.

돼지모양 온도계 만들기 ★169

04 노란색을 2등분 한 다음, 물방울 모양으로 굴려 귀를 붙이고, 앞으로 꺾어줍니다.

05 흰색, 검정색으로 눈을 붙이고, 두 개의 빨강색을 동그랗게 굴려 콧구멍과 같은 위치에 볼연지를 붙입니다.

06 U자 조각도로 입을 표현합니다.

07 사과를 만들기 위해 빨강색을 동그랗게 굴려 손가락으로 얇게 눌러주고 그 위에 노란색을 동그랗게 굴려 얹어 놓은 다음 보자기처럼 싸줍니다.

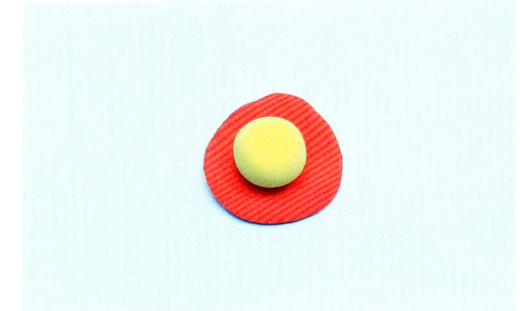

08 07을 검지로 얇게 누르고 다시 동그랗게 굴리는 것을 2~3번 반복하면 자연스럽게 번짐으로 됩니다.

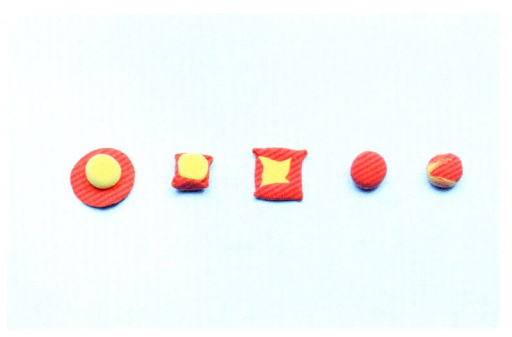

09 자연스럽게 번진 것을 동그랗게 굴려 사과모양으로 만들고, 잎과 꼭지를 만들어 붙입니다.

10 노란색을 반죽하여 2등분 한 뒤, 야구방망이 모양으로 굴립니다. 야구방망이 모양을 한쪽 끝만 다시 굴려 발모양으로 만들어서 팔을 붙이고, 도구로 선을 한번 넣어 앞발을 표현하고, 만들어 놓은 사과를 붙입니다.

11 앞발을 만드는 방법과 같은 방법으로 뒷다리를 만들어 붙입니다.

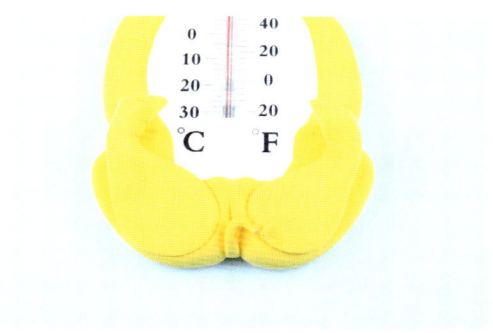

12 콩알 크기를 가늘게 비벼서 뒷다리 사이에 붙이고 스프링모양을 만들어 꼬리를 완성합니다.

폐품 활용해 만들기

재활용을 하면 좋은 점

쓰레기가 되어 땅에 묻히거나 태워져 유해가스를 방출할 것을 재활용을 하여 다시 사용하면 경제적으로도 유익할 뿐 아니라 환경오염에도 도움이 됩니다.

미니 꽃병 만들기 174

호랑이 마라카스 만들기 177

Wing Wing Clay

01 · 미니 꽃병 만들기

병아리의 부리에는 '난치'라는 것이 있어 알 속에서 두꺼운 껍데기를 쪼아 나올 수 있어요. 먹다 남은 우유병과 폼클레이를 이용하여 장식하기 좋은 꽃병을 만들어 보세요.
유의 및 중점: 폼클레이를 단지 우유병에 골고루 펴서 붙이는데 중점을 둡니다.

난이도 | ★★☆☆☆

+ 윙윙클레이 준비물 +

- **점토**: 노란색(폼클레이)→우유병 바탕
  노란색 1/2→병아리 옆 날개
  노란색 1/16→병아리 꽁지 날개
  노란색 콩알크기→병아리 애교머리
  노란색 1/30, 빨강색 콩알 크기→발, 부리
  검정색 약간→눈
  빨강색 1/50→2개의 리본

- **도구 및 부재료**:
  오조도구, 가위, 단지 우유병

*점토의 양은 한 봉지(50g)을 기준으로 하여 등분한 양입니다.

Wing Wing Clay : **How to make**

01 노란색폼클레이를 손바닥에서 굴릴 수 있는 크기의 양으로 동그랗게 굴린 다음 납작하게 눌러 우유병에 붙여 골고루 펴줍니다.

02 노란색을 2등분 한 다음 물방울 모양으로 굴려 납작하게 누른 다음, 뾰족한 부분에 4번 정도 가위질을 하여 양쪽 날개를 붙입니다.

03 노란색을 물방울 모양으로 굴린 다음 4번 정도 가위질을 하여 꽁지 날개를 붙입니다.

04
노란색을 3등분하여 물방울 모양으로 굴려 애교머리를 붙입니다. 빨강색, 노란색을 혼합하여 주황색을 내어, 콩알 반쪽 크기 양을 남겨놓고, 6등분하고 물방울 모양으로 굴린 다음, 3개씩 모아 두 발을 붙입니다.

05
04의 남겨 놓은 주황색을 물방울 모양으로 굴려 부리를 붙이고, 흰색과 검정색으로 눈을 붙입니다.

06
빨간색으로 리본 두 개를 만들어 애교머리와 꼬리 밑에 붙여 완성합니다.

Wing Wing clay

02 호랑이 마라카스 만들기

라틴아메리카 음악에서 빠져서는 안 되는 악기로 보통 열매 안을 도려내어 잘 말린 씨나 돌을 넣어 만들었다고 합니다. 손잡이를 잡고 흔들면 소리가 납니다.

난이도 | ★☆☆☆☆

✦ 윙윙클레이 준비물 ✦

- **점토**: 노란색(폼클레이) 1/2 = 호랑이 몸, 입 주변
  흰색 1/50 = 배부분
  흰색 1/50, 노란색 1/20 = 팔
  노란색 1/8 = 얼굴
  노란색 1/30 = 두 귀
  노란색 1/50, 검정색 콩알크기, 빨강색 콩알 2개 크기 = 얼굴, 머리, 몸의 줄, 눈, 귀
  흰색, 검정색 약간 = 눈, 코

- **도구 및 부재료**: 요구르트병, P.E.T 병뚜껑, 콩, 오조도구

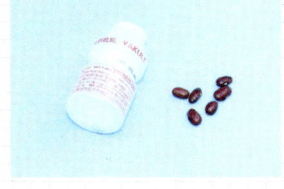

*점토의 양은 한 봉지(50g)을 기준으로 하여 등분한 양입니다.

Wing Wing Clay : How to make

01 요구르트 병에 콩을 넣고, 뚜껑을 덮은 다음, 노란색(폼 클레이)를 골고루 펴 붙입니다. 흰색을 타원형으로 굴려 납작하게 누른 다음, 배에 붙입니다.

02 노란색을 긴원기둥 모양으로 굴려 도구로 반을 잘라 양 팔을 붙이고, 흰색을 2등분하여 동그랗게 굴려 손을 붙입니다.

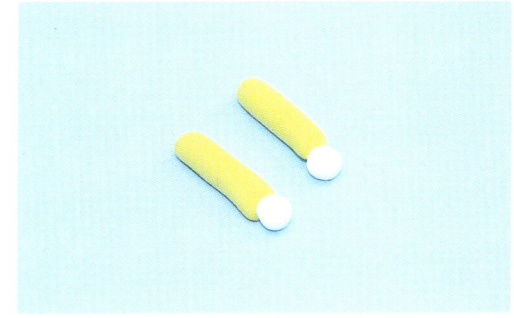

03 노란색을 네모 모양으로 만들고, 턱 부분, 모서리 부분을 둥글게 곡선을 만듭니다.

04

노란색(폼클레이)를 2개의 콩알 크기로 동그랗게 굴려 입 주변에 눌러 붙이고, 도구로 선을 넣어 수염을 표현합니다. 노란색을 원기둥 모양으로 굴려 도구로 가운데를 잘라 귀를 붙이고, 머리와 몸을 붙입니다.

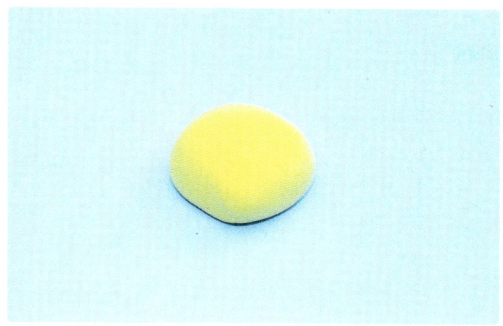 

05

노란색, 검정색, 빨강색을 혼합하여 갈색을 내고, 가늘고 길게 비벼서 몸, 얼굴, 머리의 줄을 붙인 다음, 동그랗게 굴려 눈과 귀를 붙입니다. 흰색, 검정색으로 눈동자와 코를 붙여 완성합니다.

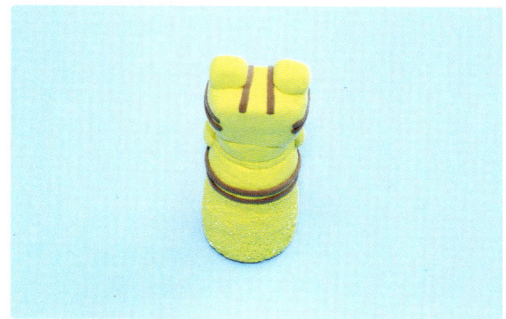 

캐릭터 만들기

동물과 사람 캐릭터를 만들어 보세요!

사람들 눈에 익혀진 만화와 영화 속 캐릭터들을 누구나 클레이로 표현할 수 있습니다.
캐릭터를 만들 때 눈, 코, 입과 귀 등은 전체적인 표현을 하는데 있어서 중요한 요소이기 때문에
이 부분에는 자신만의 표현력과 상상력을 발휘해 보세요.
마지막으로 여기서는 동물과 사람 캐릭터를 만들어 보겠습니다.

다롱이 만들기 182

널뛰는 소녀 만들기 185

Wing Wing Clay

01. 다롱이 만들기

낮에만 활동하고, 나무타기를 좋아하는 다람쥐는 사람들에게 친근한 동물이지만 여러 환경 요인으로 인해 지금은 쉽게 보기 힘듭니다. 귀여운 다람쥐는 항상 캐릭터에서 빠지지 않지요. 귀여운 다롱이를 만들 때는 꼬리 감아 붙이기에 중점을 두고 만드세요.

난이도 | ★★★☆☆

+ 윙윙클레이 준비물 +

- **점토**: 빨강 1/50, 노란색 1/4, 흰색 1/4, 검정색 1/50
  몸, 다리, 팔, 꼬리, 귀
  흰색 1/50, 빨강색 약간→배, 입주변

  흰색 약간 / 발바닥의 점
  흰색, 검정색 콩알크기 / 눈, 코, 배꼽
  빨강색 1/50, 검정색 1/50, 도토리 껍질, 애교 머리카락, 귀안

- **도구 및 부재료**: 오조도구

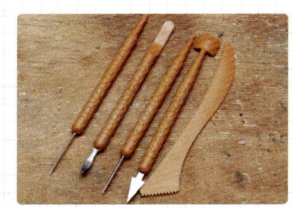

* 점토의 양은 한 봉지(50g)을 기준으로 하여 등분한 양입니다.

01
빨강색, 노란색, 검정색을 혼합하여 다람쥐색을 내고, 1/2 양을 물방울 모양으로 굴려 몸통을 만듭니다.

02
흰색, 빨강색을 혼합하여 1/2의 양을 동그랗게 굴려 배에 붙이고, 검정색으로 배꼽을 붙입니다.

03
01의 나머지 1/2의 양을 원기둥으로 굴려 5등분한 후, 1/5의 양을 다시 2등분하고, 물방울 모양을 발을 붙입니다. 흰색은 발바닥을 붙입니다.

04
03의 4/5의 양에서 2/5 양을 물방울로 굴려 얼굴을 만들고, 02의 나머지 양을 입 주변을 붙입니다. 흰색과 검정색으로 코와 눈을 붙이고, 빨강색, 검정색을 혼합한 약간의 고동색으로 머리카락을 붙인 후, 귀를 붙입니다.

05 04의 나머지 다람쥐색 2/5의 양에서 도토리 양을 남기고, 긴 물방울로 굴려 팔을 붙이고, 머리와 몸을 연결합니다.

06 나머지 다람쥐색을 원기둥으로 밀어 손바닥으로 얇게 누른 다음, 04의 고동색을 콩알크기 양으로 남기고 두 줄을 붙이고 말아서 꼬리를 붙입니다.

07 05의 도토리 양을 물방울 모양으로 굴리고, 06의 콩알크기 고동색을 동그랗게 굴려 납작하게 누른 다음, 도토리 껍질을 만들어서 팔에 붙여 완성합니다.

Wing Wing Clay

02 널뛰는 소녀 만들기

전통 놀이 중에 널뛰기 소녀를 만들어 보세요. 클레이로 사람을 만드는 것은 가장 높은 난이도를 표현해야 합니다. 얼굴표정과 손동작, 몸에 입은 옷 등을 표현해야 하기 때문에 많은 손이 갑니다. 어려울 것 같지만 한두 번 따라해 보면 쉽게 만들 수 있어요. 널뛰는 소녀와 다양한 사람을 만들어 하드보드지를 이용하여 작품처럼 만들어 보세요. 치마 주름잡기와 저고리색동 만들기에 중점을 두고 만드세요.

난이도 | ★☆☆☆☆

+ 윙윙클레이 준비물 +

- **점토**: 노란색 1/10 빨강색 1/50 치마
  노란색 1/50 / 저고리, 흰색약간 / 동정
  흰색 1/4, 노란색 콩알크기 2개, 빨강 콩알크기 / 팔, 몸, 얼굴, 손
  빨강색 약간, 검정색 폼클레이 1/50 / 머리, 댕기
  빨강, 흰색, 노랑, 초록(파랑+노랑) 콩알크기
  저고리 빨강, 검정색 콩알크기 / 신발

*점토의 양은 한 봉지(50g)을 기준으로 하여 등분한 양입니다.

- **도구 및 부재료**: 오조도구, 가위, 접착제, 밀대, 하드보드지

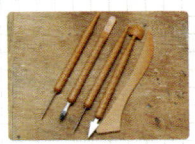   

01 노랑과 빨강색을 혼합하여 주황색을 내고, 밀대로 얇게 밀어줍니다.

02 직사각형 모양으로 자릅니다.

03 자른 직사각형 윗부분을 끝까지 주름잡기 합니다.

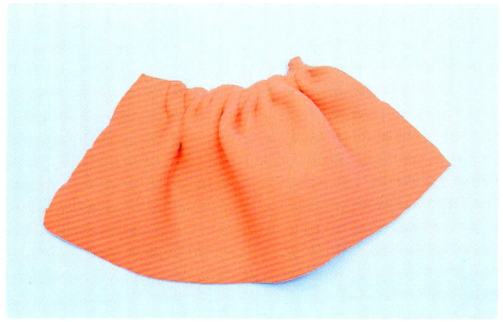

04 노란색을 밀대로 밀어 가위로 저고리모양을 냅니다.

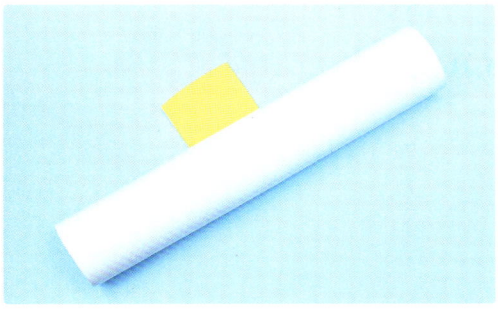

05 살구색을 내어 3등분하여 얼굴, 몸, 양팔을 만듭니다. 이때 살구색을 조금 남겨 손과 코, 귀 모양으로 사용합니다.

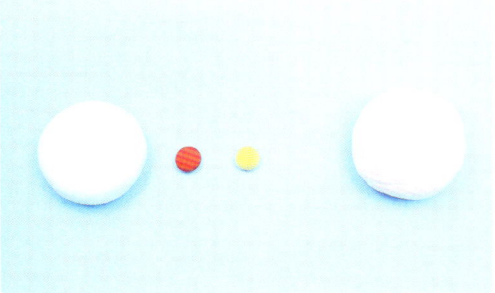
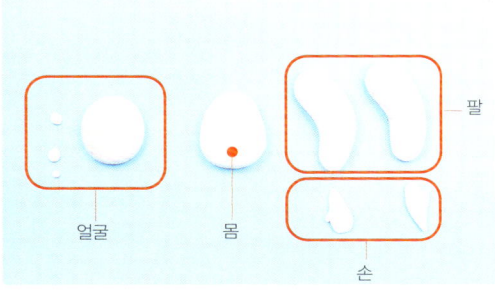

06 05의 1/3 양을 얼굴을 동그랗게 굴려서 엄지로 이마부분을 눌러주고, 코와 귀를 붙이고, 뾰족한 도구로 찔러 입을 만들고, 붙이고, 코와 귀를 붙입니다. 검정 폼클레이로 머리카락을 붙입니다.

07 검정색, 흰색으로 눈을 붙이고, 폼클레이를 길게 비벼 긴 머리를 붙이고, 빨강색을 2개의 물방울로 눌러 댕기를 만들어 붙입니다.

08 05의 만든 몸에 저고리를 입히고 흰색으로 동정을 붙입니다.

09 녹색, 흰색, 노랑, 빨강, 녹색, 흰색, 노랑을 순서대로 길게 비벼 붙인 다음 밀대로 밀어 반으로 자른 후 양팔색동을 만듭니다.

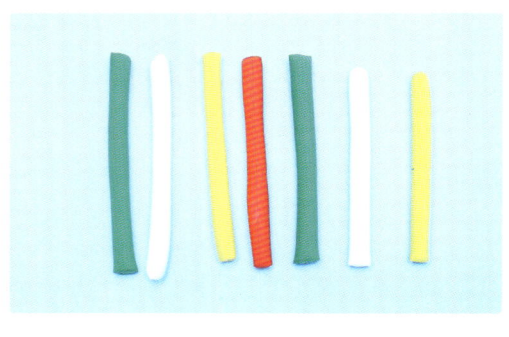

10 05의 남겨놓은 살구색을 2등분하여 물방울로 굴린 다음 도구로 손가락을 표현합니다.

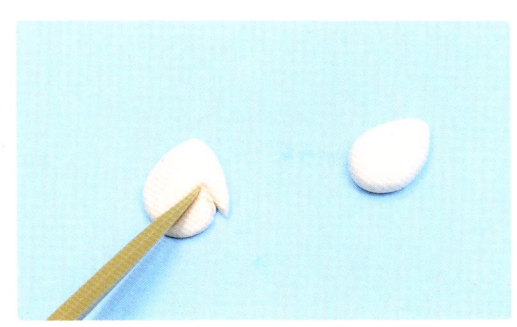

11 저고리 소매에 손을 붙이고, 저고리에 양팔을 붙입니다.

12 치마에 저고리를 붙입니다.

13 빨강색을 얇게 밀어 도구로 잘라 옷고름을 만들어 붙입니다.

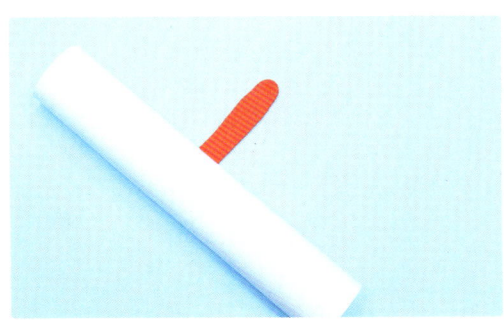
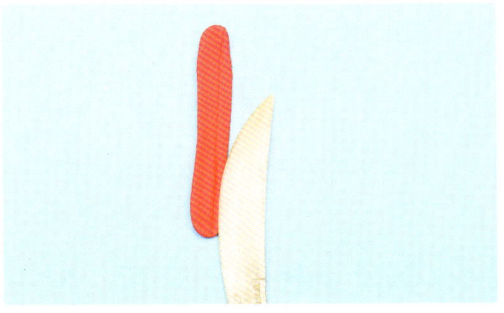

14 몸과 머리를 붙입니다.

15 빨강색을 2등분하여 물방울로 굴려서 빨강색 위에 검정색을 붙여 신발을 만들어 붙입니다.

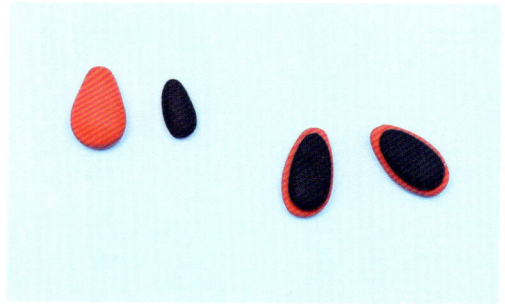

배경 만들기

입체가 아닌 사람을 만들 때는 배경을 만들어 주면 표현감과 사실감을 극대화 시킬 수 있습니다. 보통 이런 민속놀이를 만들 때는 민속놀이 사진이나 만화, 그림 등을 참고해 배경과 사람 동작을 만들면 더욱 효과적입니다. 하드보드와 폼클레이, 클레이 등을 색혼합표를 참고해 다양한 배경을 만들어 보세요.

널뛰기 배경 만들기

❶ 하늘색 만들기_하드보드지 위에 흰색, 파랑색을 혼합하여 하늘색을 내고, 밀대로 밀어 얇게 편 후 하늘바탕 색을 붙입니다. 흰색 클레이를 손으로 밀어 구름을 표현하기도 합니다.

❷ 갈색과 흰색을 혼합하여 황토담을 표현합니다.

❸ 돌은 흰색, 검정, 갈색, 파란색, 주황색을 2가지 이상 혼합하여 다양한 크기와 색을 내어 만듭니다.

❹ 갈색, 검정, 흰색을 사용하여 땅과 눈을 표현합니다.

❺ 노란색, 빨강, 검정을 혼합하여 널빤지를 만들어 붙입니다.

❻ 흰색과 검정을 혼합하여 진회색을 만들어 기왓장을 만들어 붙이고 위에 흰색 폼클레이로 눈을 표현합니다. 마지막으로 사람을 붙여 완성합니다.

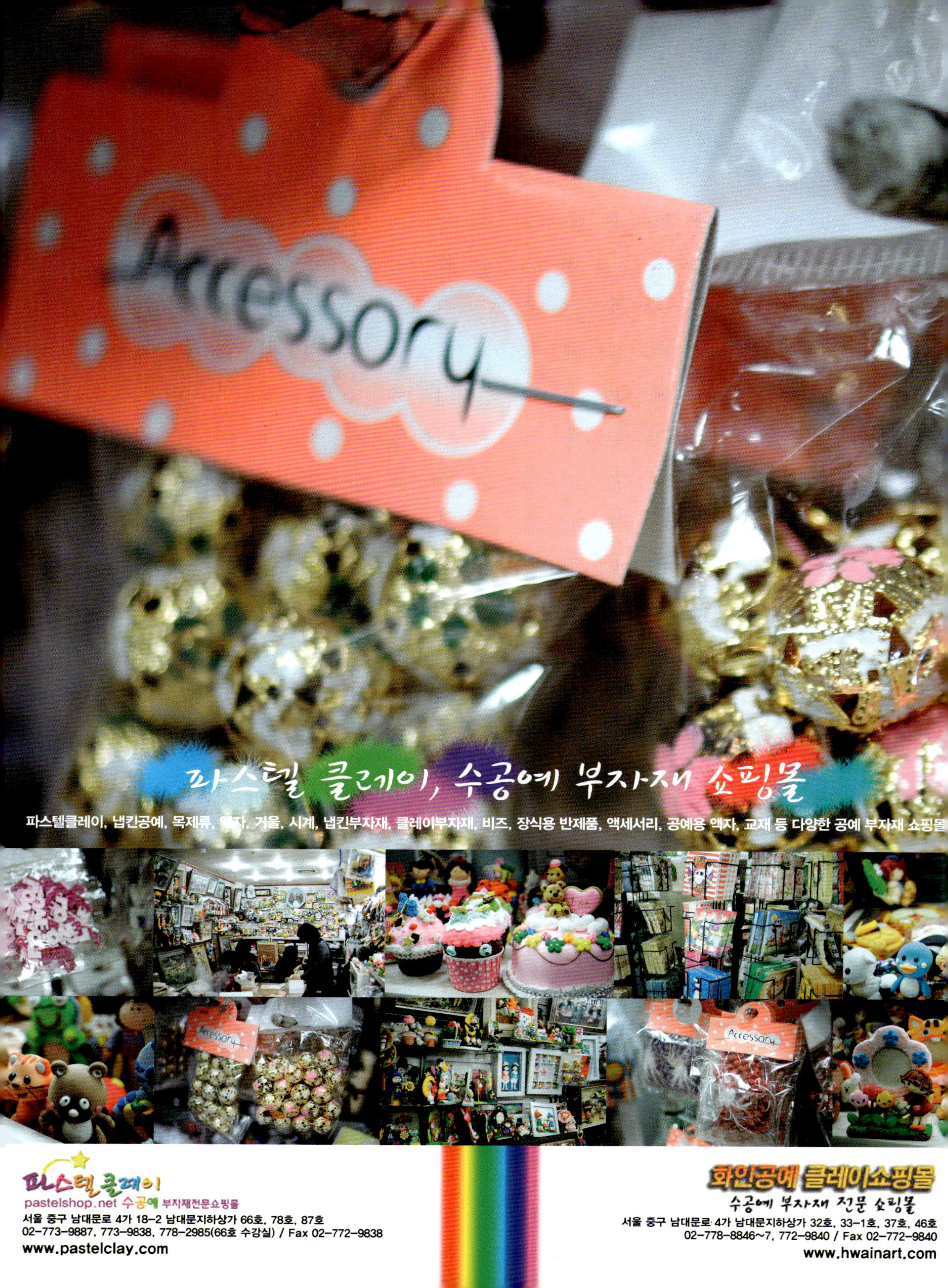
Accessory
파스텔 클레이, 수공예 부자재 쇼핑몰
파스텔클레이, 냅킨공예, 목제류, 액자, 거울, 시계, 냅킨부자재, 클레이부자재, 비즈, 장식용 반제품, 액세서리, 공예용 액자, 교재 등 다양한 공예 부자재 쇼핑몰
파스텔 클레이
pastelshop.net 수공예 부자재전문쇼핑몰
서울 중구 남대문로 4가 18-2 남대문지하상가 66호, 78호, 87호
02-773-9887, 773-9838, 778-2985(66호 수강실) / Fax 02-772-9838
www.pastelclay.com
화인공예 클레이쇼핑몰
수공예 부자재 전문 쇼핑몰
서울 중구 남대문로· 4가 남대문지하상가 32호, 33-1호, 37호, 46호
02-778-8846~7, 772-9840 / Fax 02-772-9840
www.hwainart.com

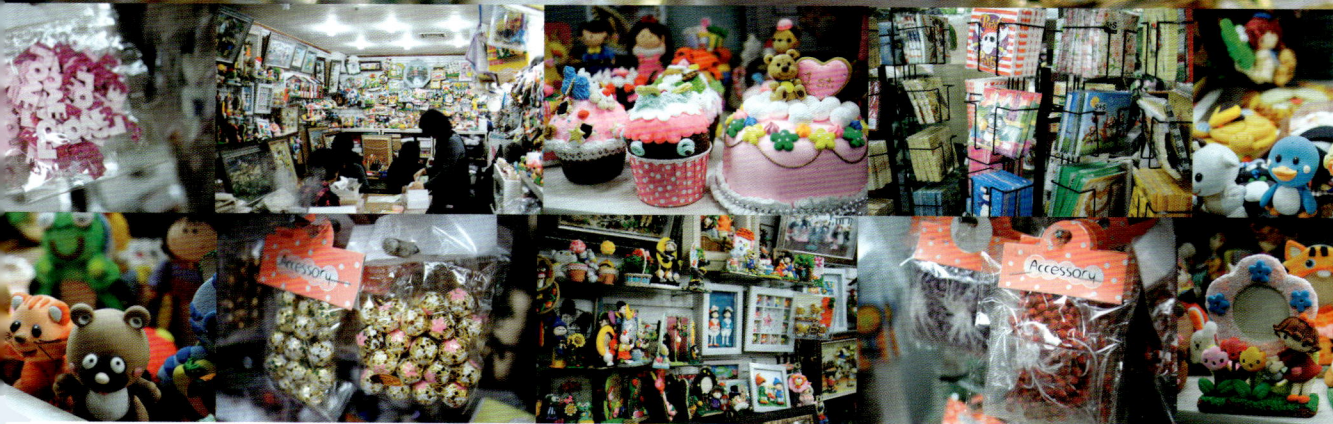